장사의
혼

이태원 상권 20평 매장에서 월 1억 원 매출 올리는 비결

장사의 혼(魂)

초판 1쇄 인쇄 2021년 9월 16일
초판 1쇄 발행 2021년 9월 23일

지은이 마숙희

발행인 백유미 조영석

발행처 (주)라온아시아
주소 서울특별시 서초구 효령로 34길 4, 프린스효령빌딩 5F

등록 2016년 7월 5일 제 2016-000141호
전화 070-7600-8230 **팩스** 070-4754-2473

값 16,000원
ISBN 979-11-91283-85-3 (03320)

장사의 혼 魂

마숙희 지음

RAON BOOK

지금의 힘든 상황을 이겨내고 반드시 성공하고 싶은 분들에게 드립니다

코로나19로 외식 시장은 얼어붙다 못해 여기저기서 폐업이 속출하고 있으며, 그나마 하루하루 간신히 버티고 있는 매장들도 한 치 앞이 보이지 않는 혼돈 속에서 출구를 찾지 못한 채 불안에 떨고 있다. 곧 끝나겠지 하면서 버텨오길 벌써 1년여가 훌쩍 지났지만, 자영업의 위기는 쉽게 끝날 기미가 보이지 않는다. 그렇다고 전 재산을 투자한 유일한 생계수단인 매장을 쉽게 닫을 수도 없고 마이너스 상황에서 그냥 손을 놓고 있기도 어렵다.

대한민국의 자영업자들 모두가 어느 때보다 힘든 상황이지만, 특히 내가 있는 이태원 상권은 '이태원 클럽발 코로나19 확산'으로 그야말로 직격탄을 맞았다. 상권 전체가 자영업의 위기를 가장 리얼하게 보여주고 있으며 표를 의식한 정치인과 관료들이 이태원 거리에서 상권을 살리겠다는 공약을 경쟁하듯이 쏟아내고 있다. 얼마 전 용산구청장님과 이태원 상인 대표들과의 간담회에 초대되어 간다고 하니 주변 음식점 사장님께서 너무도 힘든 현 상황을 꼭 전달해달라고 눈물로 애절하게 부탁할 정도로 외식업의 상황은 심각하다.

이렇게 벼랑 끝에 내몰린 외식업이 위기에서 살아남을 방법은 없을까? 내가 운영하는 외식업 매장이 어떠한 위기에도 흔들리지 않는 경쟁력을 가질 방법은 없을까?

세상은 코로나19로 인해 새로운 시대로 전환되고 있고 외식업도 그 분기점에 서 있는 듯하다. 이제는 언택트, 비대면이란 신조어가 어느새 익숙해진 용어로 새로운 트렌드가 되었고, 평소 즐겨 찾던 음식점을 직접 방문하기보다는 배달을 통한 음식 주문이 우리의 일상이 되었다. 이전에도 그러했지만 외식업은 진입 장벽이 낮아서 소규모 자본만 있으면 그리 어렵지 않게 창업에 뛰어들 수 있으며 진입 장벽은 갈수록 더 낮아지고 있다. 그만큼 외식업의 경쟁은 치열하고 폐업률도 다른 업종에 비해 매우 높다. 하지만 이런 어려운 상황에서도 달리 방법이 없는 수많은 명퇴자들과 창업을 통해 평생 사장을 꿈꾸는 사람들이 지금 이 시간에도 외식업 매장을 계속 창업하고 있는 것이 현실이다.

장사를 하는 목적은 무엇인가?

장사를 하려는 사람들에게 장사의 목적이 뭐냐고 물어보면 보통은 돈을 많이 버는 것이라고 답할 것이다. 하지만 돈을 버는 것이 가장 일차적인 목적이라 할지라도 대부분의 사람들은 부수적인 목적이나 욕심을 하나씩은 더 가지고 있기 마련이고, 나아가 인생의 목표나 원대한 이상까지 생각하는 사람도 있다.

만약 장사로 돈을 많이 모은다면 다음엔 뭘 하고 싶은가? 가족과 함께 세계여행을 한다? 건물을 사서 임대업을 하며 맘 편히 쉬고 싶다? 내 자식에게 물려주고 싶은 가업이나 기업을 이루고 싶다?

장사를 시작하는 사람은 최소한 자신이 장사를 통해 성취하고자 하는 목적이 무엇인지 그리고 목표를 향해 나아가는 과정은 어떠해야 하는지에 대해 한 번쯤 깊이 생각해볼 필요가 있다. 그래야 힘들고 외로운 장사라는 길을 걷는 동안, 자신뿐만 아니라 손님과 직원을 포함한 주변 사람들이 모두 행복해질 수 있고, 단순히 돈을 버는 기계가 아니라 보다 큰 삶의 가치를 지닐 수 있게 되는 것이다. 외식업 매장을 운영하다 보면 장밋빛 꿈처럼 항상 매출이 좋거나 직원들이 알아서 잘 따라주지는 않는다. 현실은 코로나19와 같이 뜻하지 않은 상황으로 인해 어떻게든 버텨 살아남는 게 유일한 목표가 될 정도로 절망적일 수 있다. 그 어려운 과정에서 일희일비하거나 제대로 방향을 잡지 못하고 흔들릴 경우, 회복하기 어려운 위기에 빠지게 된다. 그래서 장사를 하는 목적을 분명히 해야 하고 목표를 성취하는 과정에서 필요한 원칙과 가치도 가져야 한다.

손님이 넘치는 매장과 텅 빈 매장의 차이는?

나란히 붙어 있어도 손님이 넘치는 매장과 텅 빈 매장이 있는데, 그 차이는 무엇일까? 또 잘되는 매장은 골목 깊숙이 있어도 사람들이 수고를 무릅쓰고 찾아오는데, 그 이유는 무엇일까? 코로나 19와 같은 절망적인 상황 속에서도 손님이 꾸준히 찾는 비법은 무엇일까?

음식점은 손님에게 맛있는 음식과 서비스를 제공하고 그 대가로 돈을 받는 곳이다. 세상의 많고 많은 음식점 중에 고객들이 굳이 비싼 돈을 지불하고 시간을 내서 찾아올 때는 분명히 그 이유가 있는 것이다. 만약 그 매장만이 가지고 있는 차별화된 특색과 매력이 없다면 결국 고객으로부터 외면당할수 밖에 없는 것이 냉정한 현실이며 약육강식의 동물의 세계와 별 다를 바 없다.

음식만 맛있으면 되는 시대는 이미 끝난 지 오래고, 맛 이상의 차별화가 필요하다는 것은 누구나 잘 알고 있는 기본 원칙이 되었다. 이제는 단순히 음식의 맛만이 아닌 고객을 다시 찾아오게 하고 나아가 충성 고객으로 만드는 중요한 요인에 대해 더욱더 고민하고 실천할 시기이다.

장사의 성공에 관한 책들은 무수히 많다. 그러나 누구에게나 해당되고 누구나 성공할 수 있는 불멸의 장사 공식 같은 것은 이 세상 어디에도 없을 것이다. 이 책의 저자인 나도 이런 불멸의 장사 공식을 알려줄 수 있다거나 외식업에 종사하는 수많은 사장님들에게 성공할 수 있는 비결을 가르쳐줄 수 있다고 결코 말할 수는 없다. 하지만 실제로 20평 되는 작은 매장에서 월1억 원 매출을 내며 10년 가까이 운영해온 경험을 통해, 어떻게 하면 외식업 매장을 성공적으로 운영하고 또 지속 가능한 매장으로 만들 수 있는지에 대해 나의 경험과 지식을 조금이나마 나눌 수는 있을 것 같다.

장사 경험이 전혀 없던 내가 고우라는 브랜드와 인연을 맺으면서, 어떻게 준비하고 운영해서 고객의 발걸음을 매장으로 이끌었는지, 또 어떻게 고객과 소통해서 마음을 얻고 작은 하나의 매장에서 안정된 사업으로까지 성장시켰는지를 지금부터 이야기해보고자 한다.

참고로 이 책은 '기본'에 관한 이야기를 하고 있다. 나는 장사의 비법이라든지 마케팅 전략이라든지 하는 로또 같은 성공 노하우는 잘 모른다. 내가 오랫동안 외식업에 종사하며 배우고 느낀 것은 '장사는 기본이 가장 중요하다'는 것이다. 기본을 이해하지 못하고 장사를 논하는 것은 현장의 땀과 진심을 겪어보지 않은 탁상공론처럼 느껴질 뿐이다. 이 책에서는 처음부터 끝까지 기본을 이야기하고 기본을 강조한다. 미슐랭 셰프나 마케팅 천재가 아닌 우리 주변의 평범한 사람들이 매장을 오래오래 운영할 수 있는 경쟁력을 말하는 것이다.

이 책이 외식업을 준비 중인 창업 희망자들과 현재 힘겹게 버티면서 재도약을 꿈꾸고 있는 이 시대의 수많은 자영업자들께 작은 힘이나마 보탬이 되길 진심으로 기원한다.

마숙희

차 례

2장

매출이 보인다 : 매출을 결정짓는 6가지 원칙

3장

차별화가 답이다
: 매장 운영의 8가지 숨은 노하우

4장

일본 외식업, 이것만은 알고 시작하자

1장

Basic에 미쳤다

성장의 기본기가 되는 8가지 키워드

기본이
가장 특별하다

월 1억 원 매출을 올리는 꼬치구이 매장

야키토리 하면 무엇이 먼저 떠오르는가? 일본? 이자카야? 꼬치구이? 사실 야키토리가 무엇이냐고 묻는 사람도 적지 않을 것이다. '야키(焼き)'는 굽다, '토리(鳥)'는 닭, 즉 '닭고기를 구웠다'는 뜻이다.

한국말로 꼬치구이인데 우리에게 '꼬치구이' 하면 길거리의 포장마차에서 긴 나무꼬지에 닭고기를 꽂아서 소스를 듬뿍 발라 굽는 것이 연상된다. 그러나 야키토리는 일본식 이자카야에서 먹는 결코 저렴하지 않은 메뉴이며, 지금은 오마카세(おまかせ, 음식점 등에서 주방장 특선, 주문할 음식을 가게의 주방장에게 일임하는 것) 버전으로 고급스러운 요리라는 이미지까지 얻게 되었다.

야키토리는 굽는 노하우나 꼬치에 끼우는 방법에 따라 그 맛이 크게 달라질 수 있다. 따라서 야키토리 본연의 맛과 역사를 그대로 느끼려면, 각 재료가 가지고 있는 본연의 맛을 최대한 유지할 수 있는 노하우와 꾸준함이 중요하다.

고우는 본래 일본에서 탄생한 야키토리 전문 이자카야 브랜드이다. 한국에는 2013년에 진출했는데 아직 일본의 이자카야 문화가 익숙하지 않았던 한국에 '야키토리'란 음식과 함께 야키토리 문화를 전파하고 정착시킨 초창기 브랜드라고 할 수 있다. 특히 일본에서도 정통 야키토리를 추구하는 브랜드이며 변형과 퓨전보다는 기본과 전통을 더 강조한다.

이러한 점에서 한국 고우는 10년 전부터 한결같이 기본을 고집하며 부단히 노력해왔다. 물론 세상은 급변하고 있고 시대의 변화에 따라 브랜드도 함께 변화해가는 것이 맞겠지만, '기본'이라는 가치만큼은 쉽게 바꾸거나 등한시하기보다 더욱 강하고 곧게 키워온 것이다. 그래서인지 감사하게도 손님들의 많은 사랑을 지속적으로 받아왔다.

고우는 점점 어려워지고 있는 이태원 상권에서도 월 1억 원의 매출을 올리고 있다. 이런 고우의 성공 비결에 대한 질문을 종종 받는데, 나는 주저 없이 '기본'이라고 답한다. 고우가 다른 어떤 가치보다 기본을 가장 특별하게 생각하고 항상 실천해왔던 것이 바로 성공의 비법인 것이다.

따라서 성장의 키워드를 이야기함에 있어 기본이 고우에게 왜 가장 특별한 가치인지, 또 어떻게 기본을 실천해왔는지에 대해 먼저 설명할 필요가 있다.

기본이 왜 중요한가?

외식업은 지난 몇 년간 단군 이래 최악의 불황이라고 한다. 하지만 아무리 불황이라고 해도 소문난 '맛집'은 영향을 거의 받지 않는다. 결국 외식 시장은 살아남을 수 있는 매장과 그렇지 않은 매장으로 점점 양극화되는 것이다.

고우가 한국에 자리 잡기까지는 어려운 점도 많았지만, 그래도 지금까지 잘 성장해올 수 있었던 가장 큰 원동력은 바로 기본을 지켜온 것이라고 생각한다. 기본이 중요하다는 것은 누구나 당연하게 생각한다. 하지만 왜 기본이 중요한지, 기본을 지키기 위해 무엇을 어떻게 해야 하는지에 대해 물으면 제대로 답하는 사람은 많지 않다.

《용비어천가》 제2장을 보면 "뿌리 깊은 나무는 바람에 흔들리지 않으니 꽃 좋고 열매가 많나니, 샘이 깊은 물은 가뭄에도 끊이지 않으니 시내를 이루고 바다로 가나니"라는 구절이 나온다. 기본이 왜 중요한지 이야기함에 있어 이보다 더 적절한 표현은 없는 것 같다. 누구나 어떤 분야에서든 기본이 중요하다고 말하지만 빠른 성공에 목마른 사람들은 기본을 꾸준히 지키는 것을 힘들어하고 지름길부터 찾는다. 만약 조금이라도 빠른 성공의 지름길이 있다면 나 역시 그 방법을 알고 싶은 유혹이 든다. 그러나 그런 지름길은 세상에 존재하지도 않고, 설사 있다고 해도 그렇게 얻은 성공은 뿌리가 튼튼하지 않아서 결코 오래 지속될 수 없을 것이다.

세계적으로 성공한 축구선수 손흥민은 아버지로부터 축구를 배웠다고 하는데, 아버지는 아들의 기본을 쌓아주기 위해 기초 연습만 6년을 시켰다고 한다. 말이 6년이지 기본기를 익히는 데 그 오랜 시간을 투자하기 정말 쉽지 않은 일이다. 운동선수에게 기초 체력과 기본 훈련이 강조되듯이, 외식업 매장도 기본이 튼튼해야 어떠한 위기에도 흔들리지 않고 꿋꿋이 설 수 있다. 대나무가 수년간 뿌리를 내린 후 쑥쑥 자라나는 것처럼, 기술적인 것도 중요하지만 기본이 튼튼해야 응용을 하고 더욱 발전할 수 있다. 특히 외식업 매장에서는 잠깐이라도 기본을 지키지 않으면 어느새 습관이 되어 다시 돌아가기 힘들다. 이렇게 기본이 사라진 매장이 되는 순간 손님으로부터 외면받고 성공의 기회도 영영 놓치게 된다.

따라서 외식업 매장에서 치열하게 지키며 절대 포기하지 말아야 할 원칙이 바로 기본이다. 수많은 외식업 경영자들이 장사의 비법이나 마케팅 기법에 열광한다. 그런 이야기는 듣는 순간 너무 그럴듯하고, 자기만 뒤처지는 것 같고, 또 바로 성공할 수 있을 것 같다. 하지만 비법이나 기술은 기본이 전제되어 있어야 활용할 수 있다. 기본이 안 된 상태에서는 그런 방법들이 결코 오래갈 수 없다. 하루하루 기본을 충실히 지켜왔다면 당신은 이미 장사의 고수이고 누구보다 성공의 길을 제대로 알고 있는 것이다.

사람들은 성공을 위해 지금 이 순간에도 끊임없이 지름길을 찾아다니거나 화려한 스펙을 쌓고 있다. 하지만 고우가 가장 중요시하는 것은 결코 지름길이 아니라 누구나 알고 있으면서도 안 하고, 못 하고, 쉽게 지나치는 기본이다. 그래서 고우는 손님을 대할 때도, 직원 한 명을 뽑을 때도, 화려한 언변과 잔머리보다는 올바른 태도와 성실함 그리고 진정성을 훨씬 더 중요하게 생각한다. 어떠한 위기와 변화 속에서도 자신을 지켜주는 방어막이자 최고의 성과를 내고 성장을 멈추지 않는 원동력이 바로 기본이다. 그래서 기본은 무엇보다 중요하고 반드시 실천되어야 한다.

기본을 지키는 고우의 장면들

고우의 장면 1: 시코미

오전 9시, 시코미(꼬치 재료 손질 등 준비 작업)를 담당하는 직원들이 출근하자마자 당일 새벽 일찍 배송된 신선한 닭고기와 돼지고기를 확인하고 분류한다. 담당 파트별로 당일 사용할 재료를 손질하

기 시작하며 품질이 떨어지는 부분은 없는지 꼼꼼히 확인한다. 야키(꼬치)와 교자 등 20가지가 넘는 메뉴를 수작업으로 꼬치에 끼우고 보기 좋게 다듬는다. 시코미 작업이 끝난 재료들은 제조일자를 기재해 바로 신선하게 보관한다.

고우의 장면 2: 조례

오후 4시 50분. 고우의 전 직원들이 매장 한쪽에 빙 둘러서서 조례를 시작한다. 메인 직원이 그날의 전달 사항과 주의 사항을 먼저 이야기하고, 각자 돌아가며 본인의 업무와 체크 사항에 대해 말한다. 조례를 마칠 때는 '337 박수'와 함께 모두 '고 고 렛츠 고우(Go Go Let's Gou)'란 구호를 크게 외치고 각자의 자리로 돌아가 손님 맞을 준비를 한다.

고우의 장면 3: 인사와 구호

손님이 매장에 들어서면 출입문 담당 직원이 예약 상황을 확인하고 자리로 안내한다. 곧바로 "○○방니 ○○사마데스, 고안나이시마스 마이도"(○○번 테이블에 ○○분입니다. 안내해드리겠습니다)라는 우렁찬 구호와 직원들이 모두 함께 외치는 "요. 이랏샤이"(어서옵쇼)라는 일본어 인사말로 환영한다.

첫 손님께는 모든 직원이 하던 일을 멈추고 손님 앞에 전부 둘러서서 환영 인사와 함께 어디에서 쉽게 경험하지 못하는 박수와 함성으로 특별하게 맞이한다. 곧이어 웰컴 드링크를 제공하는데, 추운 날에는 따뜻한 도쿠리 한 잔을, 특히 여성분이라면 일본식 칵테일 '미니 카시스 오렌지'를 내드린다.

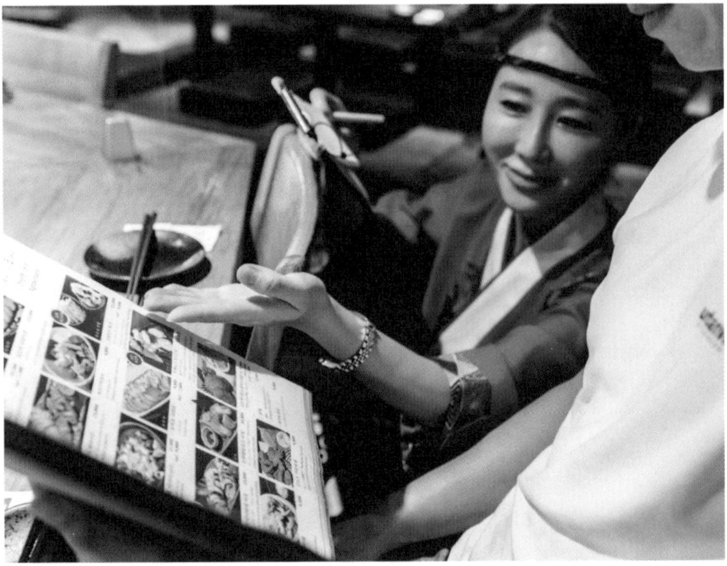

고우의 장면 4: 주문과 서비스

직원은 손님이 자리에 앉기 전에 손님의 옷과 가방을 담을 바구니를 제공하고 담아드린다. 손님이 주문을 하면 무릎을 꿇고 손님의 시선보다 아래에서 주문을 받는다. 특히 야키토리 메뉴는 일본어 약어로 받아 적는다. 메뉴에 대한 질문이나 안내 사항에 대해서는 시간이 걸리더라도 친절하게 설명드린다. 주문 내용은 다시 확인하고 종이 주문서를 나눠서 주방의 각 파트에 전달하며 큰 소리로 외친다. 손님의 신발은 항상 가지런히 정리하고, 손님이 화장실을 찾으면 직접 화장실 근처까지 안내한다.

고우의 장면 5: 야키와 주방

비장탄이 빨갛게 타오르고 그 위에서 먹음직스럽게 보이는 닭 꼬치가 뽀얀 연기와 함께 익어간다. 손님이 가득 차 있는 카운터석 건너편에서 야키 마스터가 벌겋게 올라온 비장탄 숯불에 방금 주문한 꼬치를 올려놓고 부채질하며 굽고 있다. 손님은 연기가 올라오는 것을 보고 즐기며 생맥주 한 잔을 들이켠다. 주방 한 편에서는 커다란 불꽃 위에 웍을 돌리고 있고, 다른 쪽에서는 예쁜 접시에 요리가 올라가고 섬세한 데커레이션이 이루어진다. 홀에서는 여기저기 일본어 구호와 주문을 외치고 직원들은 활기차고 분주하게 움직인다. 매장은 어느새 손님으로 가득 차 있고 여기저기 흥겨운 대화와 함께 생맥주 잔이 연신 부딪친다.

우리 매장의 기본은 무엇일까?

앞에서 살펴본 고우의 장면들은 모든 외식업 매장에서 비슷하게 겪는 상황들이다. 재료를 준비하고, 손님을 맞이하고, 음식을 맛있게 조리해 제공한다. 그렇다면 이런 비슷한 상황에서 도대체 기본이란 무엇을 말하는 것이고 어떠한 점에서 차이가 나는 것일까?

영업시간 전에 시코미를 하는 모습에서는 원재료의 신선함과 수작업을 고집하는 고우의 기본 지키기를 볼 수 있다. 원재료의 품질과 신선함을 엄격한 기준하에 유지하는 것, 재료 상태 체크를 절대 소홀히 하지 않는 것, 항상 정해진 레시피대로 손질하고 작업하는 것, 작업 환경과 위생 기준을 철저히 관리하고 준수하는 것, 숙련된 직원을 키우는 것 등 시코미 장면 하나에서도 기본이라고 할 만한 것들이 너무나도 많다. 어떤 분들은 우리 매장도 똑같이 재료 준비를 하는데 뭐가 다르냐고 할 수 있지만, 기본을 중요시하는 매장과 그렇지 않은 매장은 꾸준함, 엄격함, 진정성 등에서 큰 차이가 난다.

고우의 조례 장면에서도 마찬가지다. 많은 외식업 매장들이 조례 없이 아직 정리가 덜 된 상태로 영업을 시작하거나 조례를 하더라도 형식적으로 간단히 진행하고 바로 손님을 맞이한다. 그러나 고우는 조례 전에 각자 해야 할 일을 모두 마치고 조례를 통해 손님 맞을 준비가 완전히 끝난 후에야 영업을 시작한다. 즉, 조례는 기본을 지키기 위한 고우의 여러 시스템 중 하나인데, 평범한 조례도 이렇게 기본의 하나로 정의하고 철저히 실천함으로써 비로소 특별한 의미를 가지게 된다.

외식업 경영자는 자신의 매장에서 지켜야 할 기본이 무엇인지를 생각해보고 정리할 필요가 있다. 외식업 매장이 대부분 비슷한 상황이라 하지만 잘 생각해보면 자신의 매장이 다른 매장과 차별화되는 장점과 외식업을 운영함에 있어 중요하게 생각하는 가치를 분명히 찾을 수 있을 것이다. 다른 매장과 차별화할 수 있는 장점이면서 자신이 가장 중요하게 생각하는 가치, 바로 그것이 우리 매장의 기본이 되는 것이다. 그리고 지켜야 할 기본의 내용이 정해졌다면, 실천을 위한 규정과 매뉴얼도 만들어서 반드시 철저하게 준수해야 한다.

고우의 기본 지키기 3단계 법칙

고우는 기본을 지키기 위한 방법으로 아래와 같은 3단계 법칙을 가지고 있다.

- 1단계: 고우의 기본(또는 기본기)을 정의한다.
- 2단계: 실행 원칙, 매뉴얼, 시스템을 만든다.
- 3단계: 실천하고, 피드백하고, 습관화한다.

고우의 기본은 하루아침에 뚝딱 만들어진 것이 아니다. 오랫동안 고민하고, 현장을 경험하고, 시행착오를 겪으면서, '아, 이것은 반드시 지켜야 할 콘셉트이구나', '이 부분은 우리의 장점이구나', '이 가치는 정말 지속되어야 한다'라고 하나씩 깨닫게 된 것이다. 그러한 것들이 바로 여기서 이야기할 성장의 기본기가 되는 키워드들이며, 이것들이 모여서 바로 고우의 기본이 되었다. 이런 기본과 관련된 키워드들은 떠오를 때마다 즉시 메모하고, 곧바로 이념, 비전, 가치 등으로 정리해두길 권한다. 그 순간이 지나면 그 의미를 잊어버리기 십상이기 때문이다.

그리고 고우는 지켜야 할 기본이라고 판단되면, 먼저 기본과 관련된 구체적인 업무를 파악해 기본기로 정하고, 다음으로 그 업무에서 기본을 실천하는 데 필요한 규정과 매뉴얼을 만들었다. 물론 이런 원칙과 매뉴얼들은 효율적이면서도 디테일하게 만들어야 한다.

예를 들어 '신선하고 안전한 식재료 관리'는 차별화된 맛과 메뉴를 유지하기 위해 타협할 수 없는 고우의 기본이다. 시코미 업무는 고우의 기본을 지키기 위한 중요한 기본기다. 그리고 기본기를 잘 지키고 실천할 수 있는 세부적인 규정과 매뉴얼들이 많이 있는데 다음 몇 가지 예를 들어본다.

1. 식재료 준비의 기본: 시코미

- 오전 9시 정해진 시간에 시작한다.
- 당일 배송된 식재료를 확인하고 분류한다.
- 담당 파트별로 당일 사용할 재료를 손질한다.
- 품질이 떨어지는 부분은 없는지 꼼꼼히 체크한다.
- 신선하지 않거나 기준 이하의 재료는 사용하지 않고 바로 폐기한다.
- 모든 작업은 수작업으로 꼼꼼히 진행한다.
- 레시피대로 꼬치에 끼우고 보기 좋게 다듬는다.
- 작업이 끝난 재료는 제조일자를 기재해 바로 냉장 보관한다.
- 작업량과 결과물을 책임자에게 보고하고 책임자는 최종 확인한다.

2. 영업 준비의 기본: 조례

- 매일 정해진 시간에 시작한다.
- 조례 시작 전에 각자 해야 할 일을 모두 끝낸다.
- 모두가 빠짐없이 참석한다.
- 그날의 포지션을 확인하고 스케줄 및 예약 상황을 공유한다.
- 각 파트별로 전달 사항 및 특이 사항을 이야기한다.
- 사적인 일과 감정은 잊고 손님을 맞는 공적인 시간임을 다짐한다.
- 337 박수와 구호로 조례를 마친다.
- 구호는 한 사람이 "구호 준비!" 하면 모두 "야!" 하고 기합을 넣고 "고, 고" 하면 모두 다 같이 "렛츠 고우!"를 큰 소리로 외친다.

3. 홀 서비스의 기본: 손님 응대와 주문받기

- 표정 관리과 목소리 관리는 손님 응대의 기본이다.
- 표정은 온화하고 편안하게, 목소리는 부드럽고 친절하게 하되 '솔' 옥타브 정도로 맞춘다.

• 인사 등의 구호는 큰 목소리로 복창한다.
• 좌석까지 안내해드린 후, 가방 등의 짐을 받아 바구니에 넣어드린다.
• 주문받을 때는 무릎을 꿇고 손님 시선보다 낮춘다.
• 메뉴 설명과 주문은 손님 중심으로 맞추고 친절히 설명한다.
• 주문서는 일본어 약어로 기재한다.
• 홀 대기 시에는 한눈팔지 않고 시선은 항상 손님을 향한다.
• 첫 손님이 오시기 전이라도 테이블에 앉거나 벽에 기대어 있지 않는다.
• 근무 중에 핸드폰을 보는 등 개인적인 일을 하지 않는다.
• 물이나 음료를 마실 때는 안쪽에서 손님을 등지고 마신다.
• 오픈 주방이기에 간식 등은 보이지 않게 안쪽에서 먹는다.
• 대기할 때는 멈춰 있지 않고 움직이거나 일하는 모습을 보인다.

이와 같이 고우는 브랜드와 매장에서 중요하게 생각하고 반드시 지켜야 하는 기본이 무엇인지를 먼저 정하고, 정해진 기본들을 구체적으로 지키고 실천하기 위한 규정이나 시스템을 만들어 시행하고 있다.

기본 지키기에서 무엇보다 중요한 것은 직원 모두가 기본이 가장 중요하고 특별한 가치임을 깨닫는 것과 기본을 실천하고 습관화하는 것이다. 이제 고우가 중요하게 생각하는 기본들, 즉 성장의 기본기가 된 키워드들에 대해 좀 더 자세히 이야기해보겠다.

유비무환!
하루를 제대로 준비하라

고우의 시작은 오전 9시

고우의 영업시간은 오후 5시부터이지만 매장 문은 오전 9시에 열린다. 물론 맡은 업무에 따라 조금씩 출근 시간의 차이가 있고 담당 업무들도 서로 다르지만, 기본적으로 오전 9시부터는 고우의 메인인 꼬치를 끼우는 준비를 하고 여러 파트의 직원들이 각자의 업무를 시작한다.

외식업에 종사하는 분들이나 고객들이 고우의 오픈 시간을 알면 다들 놀란다. 일반적으로 이자카야와 같은 주점들은 영업을 시작하기 바로 몇 시간 전에 직원들이 출근해서 영업 준비를 하는 곳이 많다.

사실 나 역시도 고우를 운영하기 전에는 야키토리가 이렇게나 준비 시간이 오래 걸리고 신경 써야 할 부분이 많다는 것을 미처 알지 못했다. 인건비를 줄이기 위해 무작정 시간을 줄여보려고도 했다. 그런데 막상 고우를 운영하고 현장을 알기 시작하면서부터, 야키토리를 제대로 하기 위해서는 당연히 그래야 한다는 것을 절실히 느꼈다.

장사 준비는 시코미로 시작해 조례로 끝난다

고우에서 가장 먼저 시작하는 업무는 바로 시코미다. 이태원 직영 1호점은 5~7명의 직원이 시코미 업무를 담당하는데, 이들은 출근하면 우선 구역별로 매장을 깨끗하게 청소한 후 담당별로 각자의 시코미를 시작한다. 시코미는 크게 교자 파트와 야키(꼬치) 파트로 나뉘는데, 20가지가 넘는 메뉴를 일일이 손으로 작업하므로 상당한 시간이 소요된다.

고우는 수제 메뉴와 신선한 재료를 원칙으로 하기에 주방 역시 하나부터 열까지 준비해야 할 작업이 많다. 영업 중 사용하기 편하게 소분 작업부터 밑 작업까지 미리 해놓아야 하는데, 소스에 재워두어야 할 메뉴와 기초 손질 후 냉장 보관할 메뉴 등 종류에 따라 작업이 이루어진다.

직원들은 매장 오픈 시간인 오후 5시가 가까워지면 영업을 개시할 준비에 돌입한다. 어떠한 상황에서도 매장 영업시간인 오후 5시까지는 모든 오픈 준비를 마쳐야 한다. 고우는 한국에 진출한 첫날부터 지금에 이르기까지 오픈 시간을 한 번도 어긴 적이 없다. 오후 5시는 손님과의 약속이고, 그때부터 고우의 모든 자리가 손님의 자리라고 생각하기 때문이다. 따라서 사소한 작업이 덜 끝났다 하더라도 어떻게든 시간에 맞춰 오픈하고 손님을 받는 것이 고우의 철칙이다.

초반에는 오픈 준비만 하고 별도의 조례 없이 바로 손님을 맞이하였다. 그러나 오픈 준비와 손님맞이 단계의 어정쩡한 경계 부분을 손님맞이를 위한 마음가짐으로 명확히 전환하고, 그날의 전달사항이나 점검할 내용을 사전에 확인할 필요가 있었다. 그래서 오픈 10분 전인 4시 50분이 되면, 어김없이 모든 준비를 끝낸 전 직원들이 둥글게 둘러서서 아침 인사인 "오하요우고자이마스"라고 인사하며 조례를 한다.

아침 인사를 하는 이유는 이제부터 영업을 시작한다는 의미다. 오픈 조례에서는 그날의 포지션을 정하고 예약 및 전달사항 등을 공유한 후 박수와 구호로 마무리한다. 이렇게 함께 손뼉을 치고 구호를 외치는 데는 큰 의미가 있다. 이제부터는 손님을 맞이할 시간이니 모두 긴장하고 힘내자는 일종의 작은 의식인 것이다.

고우의 하루는 전쟁이다

영업이 시작되면 그때부터 1시 마감까지 고우는 전쟁을 치른다. 특히 밤 9시가 되면 고우의 시간은 정점으로 치닫는다. 직원들은 한시도 긴장을 늦출 수 없다. 홀에 꽉 들어찬 손님, 바쁘게 왔다 갔다 하는 서빙 직원, 매장 바깥에 길게 늘어선 대기 줄, 싱크대 안

에 쌓여가는 접시들……. 꼬치 주문을 낱개로 받고 하나씩 접시에 담아 제공하다 보면, 야키다이(꼬치구이기) 위에는 종류별로 꼬치가 가득차게 되고 10줄짜리 주문표는 금세 두세 장을 넘어가기 일쑤다. 하루를 마치고 집에 돌아가는 길이면 고우의 현장은 총칼 없는 전쟁터라는 생각이 든다. 실제로 물 한 잔 마실 여유조차 없을 정도로 정신없이 바쁘다.

유비무환! 전쟁터에만 쓰는 말이 아니다. 고우가 아침 9시부터 제대로 하루를 준비하면, 그날의 전쟁은 큰 문제 없이 쉽게 승리한다. 반면에 왠지 미흡하다고 생각되는 날이면, 역시나 문제가 생기고 영업이 힘들어진다. 그래서 고우의 이른 하루는 힘들지만 제대

로 시작해야 한다.

"고우는 항상 손님이 많아요. 그 비결이 뭐예요?"라는 질문을 종종 받는데, 나는 그때마다 답한다. "우리가 힘들고 귀찮은 일을 더 많이 하는 만큼 손님이 찾아와 주시는 것 같다"라고. 고객이 알아주든 알아주지 않든 오전 9시부터 하루를 시작하고 장사 준비부터 마감까지 항상 기본 원칙을 지키며 일하는 것이야말로, 고우가 변화무쌍한 이태원 상권에서 지금까지 흔들리지 않고 굳건하게 서 있는 이유라고 믿는다.

고우의 가치와
고유의 맛을 고수한다

여기, 사시미 없어요?

고우가 처음 오픈했을 당시에 손님들로부터 가장 많이 받은 질문 중의 하나가 “여기, 사시미 없어요?”란 말이었다. “고우는 야키토리 전문이라 죄송하지만 사시미 메뉴는 없습니다”라고 답변하면 그냥 나가시는 손님들도 종종 있었다. 당시만 해도 이자카야라고 하면 꼬치구이, 사시미, 오뎅탕 등 이런저런 일본식 메뉴를 조합해서 함께 판매하는 매장들이 일반적이어서, 고우를 방문하는 손님들이 사시미 메뉴를 찾는 것은 어쩌면 당연한 모습이었다.

이런 손님들의 반응처럼 주변의 지인들과 직원들은 고우가 아무리 경쟁력 있는 일본 브랜드라 할지라도 여기는 한국이니까 다른 이자카야들처럼 사시미 메뉴와 국물 요리를 많이 넣어야 한다거나 한국적인 메뉴도 함께 판매하지 않으면 운영이 힘들 거라고 조언했다.

그러나 고우가 추구하는 맛과 분위기를 일본보다 더 일본스럽게 전하는 것이 고우의 마음이었고 또 고우가 생각하는 최상의 현지화 전략이었다. 나는 사시미 메뉴 등을 추가해 고우의 색깔을 희석하기보다는 고우가 가지고 있는 고유의 메뉴와 레시피를 고수하기로 결정했다. 사시미가 없다고 되돌아가는 손님들은 아쉽지만 포기하고, 그보다는 야키토리 전문점답게 어떻게 하면 더 맛있는 야키토리를 제공해드릴 수 있을까를 연구했고 또 어떻게 하면 일본 현지의 맛을 한국인도 좋아할 수 있도록 만들까에 보다 집중했다.

모든 손님을 만족시키는 장사는 없다. 이는 가능하지도 않을뿐더러 가능해서도 안 된다고 생각한다. 요식업이든 다른 업종이든, 앞으로도 고객 상대 비즈니스는 더더욱 세분화되고, 다양화되고, 전문화되어 갈 것이라고 확신했기에 타깃층을 무한정 넓히는 것은 버려야 될 욕심이라고 판단했다.

고우의 뚝심

돌이켜 생각해보면, 그때 손님들이 원한다고 해서, 또 그냥 나가는 손님들을 한 팀이라도 놓치지 않기 위해서, 주변 사람들의 충고를 받아들여 일반 이자카야들처럼 마구잡이로 메뉴를 추가하거나 자신의 색깔과 다른 메뉴로 고민 없이 변경했다면, 고우는 어디서나 흔히 볼 수 있는 평범한 이자카야가 되었을 것이고 지금처럼 자리를 굳건히 유지하지 못했을 것이다.

고우 고유의 맛과 레시피를 지키려는 고집과 선택은 지금도 계속되고 있는데, 최근에 진행했던 신메뉴 아이디어 회의에서도 비슷한 일이 있었다. 고우의 시그니처 메뉴 중에는 야키교자와 아게교자가 있다. 어느 날 교자 메뉴를 담당하는 직원이 교자 소에 청양고추를 잘게 썰어 넣으면 한국인 입맛에 딱 맞는 교자가 될 것 같다고 아이디어를 냈다. 직원의 아이디어에 어떤 맛일지 궁금하기도 해서 한번 테스트해보기로 했다. 신메뉴 테스트를 함께 진행했던 직원들의 평가는 너무나도 맛있다는 의견이었다. 나 역시 신메뉴가 꽤 맛있게 느껴졌고, 솔직히 메뉴로 넣고 싶은 충동에 마음이 잠시 흔들렸다.

하지만 다시 신중하게 고민하면서 고우의 이념과 가치관을 떠올렸다. 일본 고우에 이런 메뉴가 있는가, 일본 정통 야키토리에 이런 메뉴가 있는가, 이 메뉴가 고우의 색깔과 분위기에 어울리는가 등 고우 고유의 맛을 중심으로 다시 생각해봤다.

결론적으로 아니었다. 그 메뉴는 한국식 만두이지 일본식 교자는 아니었고 고우가 추구하는 일본 고유의 맛에 어울리지 않다고 판단되었다. 그래서 그 신메뉴가 아무리 맛있고 평가가 좋았어도 과감히 포기했다. 만약 신메뉴가 고우 고유의 맛과 조화를 이루지 못하는데도 단순히 맛있고 손님들이 원한다고 해서 메뉴에 넣어버리면 고우만의 일본다운 색깔이 흐려질 수 있고 브랜드 이미지에 부정적인 영향을 줄 것이라 판단되었기 때문이다.

양보할 수 없는 기준 정하기

브랜드마다 조금씩 차이는 있겠지만 외식업 경영자는 자기 브랜드만의 타협할 수 없는 기준을 정해놓고, 메뉴를 넣고 뺄 때는 그 기준에 따라 신중하게 판단해야 한다. 아무리 인기가 많고 업계에서 유행하고 있는 메뉴가 있더라도 자기 브랜드 고유의 맛과 분위기에 어울리는지를 잘 생각해봐야 한다.

한번은 가맹점주께서 쿠시카츠(야키토리에 빵가루를 묻혀 튀겨내는 메뉴)를 꼭 판매하고 싶은데 메뉴에 넣어도 되냐며 강하게 어필했다. 하지만 야키토리와 쿠시카츠는 완전히 다른 아이템이며, 정통 야키토리 전문점에서 쿠시카츠를 같이 하는 매장은 없었다. 개인적으로도 쿠시카츠를 좋아해서 일본에 있을 때 자주 먹으러 갔는데, 닭을 숯불에 굽느냐 아니면 기름에 튀기느냐의 간단한 차이 같지만, 일본에서는 완전히 다른 장르의 메뉴다. 일본에서는 식재료와 요리 방법에 따라 메뉴 종류를 서로 엄격하게 나누고 있다.

정통 야키토리를 추구하는 고우로서는 브랜드의 정체성과 기준에 어긋나는 두 메뉴를 결코 섞을 수 없었다. 이 부분은 일본 고우와의 일체성 및 정통 야키토리의 맥락을 이어가야 하는 입장에서 또 가맹점의 통일성을 기해야 하는 본사 입장에서 결코 타협할 수 없는 중요한 문제였다. 결국 가맹점주님을 어렵게 설득해 쿠시카츠 메뉴는 넣지 않기로 일단락지었다.

몇 가지 예를 들었지만, 이러한 유혹(?)은 수도 없이 많았고 앞으로도 많을지도 모르겠다. 외식업 경영자라면 자기 브랜드의 정체성이 무엇인지를 생각하고 항상 염두에 두어야 한다. 고우의 정체성은 '일본 정통 야키토리'다. 따라서 일본 정통 야키토리 메뉴를 준수하는 것, 일본 현지에 온 것 같은 분위기를 내는 것, 장인정신의 맛과 서비스를 구현하는 것 등은 고우가 결코 양보할 수 없는 기준이며 지속적으로 추구해야 할 가치들이다.

내 브랜드를 믿고 사랑하자

고우의 정체성을 지켜온 비결이 무엇인지 질문을 받은 적이 있다. '정체성'이란 단어는 수없이 들어왔는데, 정작 내 브랜드의 정체성이 무엇일까를 생각해보니 이 단어가 어렵게 다가왔다.

그러면 브랜드의 정체성이란 무엇일까? 처음 만난 사람들 앞에서 나 자신을 소개하듯이 내 브랜드를 정의해 소개하는 것이라고 생각한다. 물론 브랜드가 나타내고자 하는 가치라든지 사람들이 믿게끔 하고 싶은 모습도 정체성에 추가해 정의할 수 있을 것이다.

고우의 정체성을 잘 표현할 수 있는 키워드를 생각해보면 결국 '일본 정통 야키토리 고유의 맛과 분위기를 제공하는 전문 이자카야'다. 따라서 고우의 정체성을 지킨다는 것은 결국 우리가 가지고 있는 고유의 맛과 분위기를 흔들림 없이 지킨다는 의미일 것이다. 이제 질문으로 다시 돌아가서, 고우의 맛과 분위기를 지켜온 비결에 대해 이야기해본다면, 한마디로 '야키토리 고우'라는 브랜드의 가치를 전적으로 신뢰하고 사랑한 것이다.

처음 일본에서 '고우'라는 브랜드를 접했을 때 그 맛과 분위기에 너무나도 감동받아 곧바로 빠져들게 되었다. 물론 서비스 선진국인 일본에서도 서비스가 좋지 않은 매장들도 많지만, 대부분의 매장들은 기본 이상의 서비스를 제공하고 있다. 그러나 고우는 기대 이상이었다. 맛은 물론이거니와 서비스를 최상으로 강조하는 모습을 보며 이런 브랜드를 한국에서 펼쳐나갈 생각을 하니 가슴이 두근거렸다. 일본 고우의 모습은 이미 내 마음속에서 최고의 야키토리 브랜드로 자리 잡았다.

고우는 단순히 맛있는 야키토리만을 판매하는 것이 아니다. 스타벅스가 커피 문화를 판다면 고우는 일본의 야키토리 문화를 팔고 있다. 고우가 쉽게 현지화하지 않고 고유의 맛과 서비스를 고수하는 것도 바로 이러한 신념과 기본을 지키려는 고집에서 시작된 것이다. 다행히 고우의 꾸준한 노력과 한결같은 선택이 하나하나 모여 손님들에게 고우가 일본 정통 야키토리라는 인식을 심어주었고 지금까지 사랑받는 브랜드가 되지 않았나 싶다.

이렇게 고우 고유의 맛과 분위기를 지키려는 고집과 노력에 대해 고우에 방문해주시는 손님들은 '일본 현지에 온 것 같다'는 칭찬과 평가를 해주신다. 이러한 평가를 들을 때면 이것이 바로 고우가 지향하는 콘셉트임을 다시 한 번 확인하게 된다. 자신의 브랜드를 믿고 사랑하는 것이야말로 브랜드의 정체성과 기본을 지키는 비결이자 성공에 이르는 지름길이라 생각한다.

식재료와 시코미는
타협하지 않는다

맛은 식재료에서 시작된다

요즘은 유명 맛집을 소개하는 방송 프로그램들이 너무나도 많다. 이런 맛집들이 한결같이 강조하는 부분이 있는데, 바로 식재료의 중요성이다. 최상급 재료를 사용한다든지, 유기농 재료를 사용한다든지, 하다못해 평범한 식재료도 특별한 비법으로 업그레이드한다.

사실 음식의 맛은 조리 기술도 중요하지만 좋은 식재료를 사용하는 것이야말로 정말 중요하다. 특히 요즘은 일반인들도 식재료에 대해 관심이 많고 전문가 못지않게 잘 알고 있어서, 식재료를 소홀히 하다가는 바로 고객의 외면을 받기 십상이다. 하지만 현실에서는 안타깝게도 품질보다 가격으로 승부하려는 매장들이 훨씬 많은 것 같다.

물론 식재료 원가와 수급 편의성 문제는 외식업 매장을 운영하는 사람들의 가장 큰 고민거리 중의 하나다. 신선하고 좋은 재료를 쓰고 싶지만 원가 상승과 수익률 저하로 이어질 수 있고, 아무리 메뉴를 잘 만들어도 안정적인 물량 확보, 배송, 보관의 문제로 식재료 수급에 툭하면 골머리를 썩기 마련이다.

고우도 오픈 당시 제일 많은 시간과 공을 들였던 부분이 바로 식재료의 수급 문제였다. 가장 비중이 크고 중요한 식재료인 닭과 돼지고기는 믿을 만한 분이 추천한 업체라도 직접 찾아가 확인했고, 또 다른 공급업체들과 서로 비교하고 테스트해본 후에야 비로소 최종 결정했다. 물론 수없이 많은 미팅과 테스트를 진행했음에도 초반에는 업체가 몇 번이나 변경되는 시행착오도 겪었다.

특히 고우의 시그니처 메뉴인 호르몬(대창꼬치)과 규탄(우설)은 모두 최상급 한우를 쓰고 있는데, 공급업체 선정에 정말 많은 공을 들였고 고생도 많이 했다. 주기적으로 찾아오는 한우 파동 때가 되면 입고가 상승은 말할 것도 없고 물량 구하기가 하늘의 별 따기였는데, 이 두 메뉴 모두 안정적인 공급과 품질 좋은 정육을 받는 것이 무엇보다 중요한 문제였다. 물론 공급업체들은 그때마다 기존 국내산의 절반 가격인 수입 대창과 우설을 사용하도록 권유했다. 하지만 아무리 원가를 절감하고 수급이 쉽다고 하더라도 맛과 품질에 영향을 주는 부분이라 절대 타협할 수는 없었다.

나는 최상급 한우 사용을 계속 고집했고, 그 대신 한우 파동이 오더라도 영향을 최소화할 수 있도록 몇 업체를 더 늘려서 거래를 지속적으로 유지했다. 즉 가격 경쟁력이 있다고 해서 한 업체만 거래하는 것이 아니라 조금 더 비싸더라도 업체를 추가로 선정해서 조금씩 나누어 받으면서 공급업체를 관리했다. 그러면서 자연스럽게 업체들이 추려졌고, 추려진 업체들과는 계속 좋은 관계를 이어가며 신뢰를 쌓게 되었다. 결국 모든 게 사람이 하는 일이라, 신뢰가 계속 쌓이다 보면 보다 좋은 재료를 안정적으로 받을 수 있고 위기의 상황에서 피해를 최소화할 수 있다.

이렇게 믿고 거래하더라도 재료 수급이나 품질 관리를 위해서는 공급업체를 정기적으로 방문할 필요가 있다. 식재료의 품질을 꼼꼼히 챙기는 것과 소홀히 하는 것은 손님께 제공하는 메뉴의 품질에서 하늘과 땅만큼 큰 차이가 생길 수 있다. 또 매장 운영자가 식자재 관리에 꼼꼼함을 보이는 만큼 공급업체는 더 신경을 쓰게 되고 직원들도 보다 철저히 관리하게 되는 것이다.

참고로 식재료 관리는 식재료 캘린더, 식재료 원가표, 식재료 지도 등 데이터로 만들어 활용하면 효율적이다. 식재료 캘린더는 계절별, 시기별 품목을 관리하는 것으로 제철 식재료나 수급이 규칙적으로 변동하는 재료를 관리할 때 편리하다. 식재료 원가표는 품목별, 업소별 가격을 관리하는 것으로 원가 관리나 구매업체 관리에 효율적이다. 식재료 지도는 종류별, 지역별 재료를 관리하는 것으로 지역 특산품이나 수입 식재료를 관리할 때 활용 가능하다.

또 식재료에 대한 시장조사도 잊지 말고 꾸준히 할 필요가 있다. 식재료도 트렌드에 따라 변화하고 아는 만큼 더 보이기 때문이다. 한번은 업체 근처에서 시장조사를 하다가 우연히 수급받는 업

체의 사장님을 만났는데, "며칠이나 지났다고 또 오셨냐"라고 하면서 "사장님이 너무 꼼꼼해서 특별히 신경 쓰고 있으니 그만 오셔도 된다"는 농담 반 진담 반의 말에 한순간 민망해진 적도 있었다.

식재료를 준비할 때는 온도까지 철저하게

아무리 좋은 식재료를 확보했더라도 제대로 관리하지 못하면 아무 의미가 없다. 즉, 식재료의 보관, 유통기한 준수, 손질 등 어느 하나 소홀함이 없이 엄격하게 지켜져야 하는데, 고우와 같이 냉장육을 사용하는 매장은 온도 관리와 손질 과정이 특히 중요하다.

시코미 과정에서 가장 엄격하게 관리하는 것이 바로 작업하는 곳의 온도다. 온도가 높으면 아무래도 정육의 상태가 신선하게 유지되지 않는다. 사실 외식업 매장에서 전문 가공공장처럼 온도를 관리하기란 결코 쉽지 않다.

하지만 고우는 온도 유지, 노출 시간, 시코미 속도 등 여러 부분을 최선을 다해 관리한다. 예를 들어 실내온도는 최대한 낮게 유지하고, 시코미 물량은 최소 500그램 내외만 꺼내서 손질하고, 꺼내놓은 정육을 담은 스텐볼 밑부분에는 아이스팩을 받쳐놓고 작업한다. 특히 실내온도를 최대한 낮게 유지하다 보니, 겨울에는 난방을 최소화해 서늘한 온도를 유지하고, 한여름에는 에어컨을 최대한 강하게 틀어놓아야 한다. 따라서 한겨울에는 매장 밖이나 안이나 똑같이 춥고 한여름에도 추워서 시코미 중 껴입을 겉옷을 따로 준비해야 한다. 시코미 직원을 뽑을 때는 매장이 추우니 각오하고 와야 한다고 언급할 정도다. 나도 오픈 초에는 적응이 될 때까지 감기를 달고 살아야 했다.

물론 이런 어려움 때문에 초반엔 시코미 직원들이 자주 바뀌기도 했다. 하지만 식재료를 엄격히 관리하기 위한 고우의 기본적인 철칙과 타협할 수는 없었다. 다행히 현재 근무하는 시코미 직원들은 최소 4년 이상 된 베테랑들이고 모두 적극적으로 업무에 임해주고 있어서 늘 감사할 따름이다.

시코미 3년, 아무리 바빠도 손으로!

'시코미는 3년, 꼬치 굽는 것은 평생'이란 말이 있다. 야키토리에

서 숙련의 중요성을 강조한 말인데, 재료 준비 작업인 시코미만 적어도 3년은 해야 제대로 할 수 있다는 이야기다.

사실 고기를 일정한 크기로 잘라 그냥 꼬치에 꽂으면 되는 거 아니냐고 쉽게 생각할지 모르지만, 그렇다면 '시코미 3년'이라는 말이 괜히 나올 리가 없다. 고기의 성질을 잘 이해하고 재료 상태에 따라 알맞게 손질하는 일은 숙련되지 않으면 제대로 할 수 없는 작업이다. 아주 간단해 보이는 고기를 자르고 꼬치에 꽂아 모양을 만드는 작업에도 숨겨진 묘리가 있고 숙련이 요구된다. 예를 들어 하츠(염통)의 경우 업체가 자른 것을 그냥 받아 꽂기만 하는 것이 더 수월할 수 있지만, 그런 하츠는 두께가 제각각이라 결코 맛있을 리가 없다. 그렇기에 손이 더 가더라도 매장에서 처음부터 직접 자르고 다듬어 손질한다. 이렇듯 식재료를 어떻게 다루느냐에 따라서 맛에도 큰 영향을 줄 수 있기에 간단해 보이는 꼬치 하나라도 제대로 다루지 않을 수가 없는 것이다.

먼저 꼬치를 굽는 야키다이의 불 세기는 위아래가 교묘하게 다르다. 국내의 일반적인 이자카야에서 사용하는 야키다이는 한국에서 제작한 제품들이 대부분인데, 수동식 작은 화로와 같은 형태다. 이런 야키다이는 앞부분에 구멍이 나 있고 강한 불을 얻기 위해 그 구멍을 통해 수동으로 부채질을 해야 하며, 이럴 경우에 불의 세기가 고르지 않고 바람이 들어가는 밑부분에 있는 숯의 화력이 좀 더 세다.

고우는 일본 전문업체가 직접 제작한 제품을 사용한다. 야키다이의 크기가 훨씬 크고 좌측에 팬을 달아 바람이 위쪽을 통해 일정하게 나오는데, 당연히 전체적인 불의 열기가 아주 강하고 고르며 숯의 화력도 아래보다 윗부분이 더 세다. 따라서 고기가 고르게 빨리 구워지고 육즙을 가두어둘 수 있다. 대신 이런 불 세기에서는 꼬치의 시코미가 더욱 중요하다. 시코미를 할 때 꼬치 밑부분은 작고 얇게 하고 윗부분으로 갈수록 좀 더 크고 두꺼워야, 꼬치가 육즙을 유지하면서 타지 않고 골고루 익는다.

이렇게 야키다이의 방식과 상태에 따라 시코미 방법도 달라질 수밖에 없다. 또한 20종이 넘는 꼬치의 종류에 따라 고기의 종류도 다르고 야채나 수산물 같은 재료의 조합도 다양해진다. 따라서 각각의 꼬치마다 재료의 두께나 크기를 어떻게 다르게 하고 재료를 어떤 위치에 어떤 순서로 꽂는 게 좋을지 최선의 방법을 찾는 것이 중요하다.

고우의 시코미는 모두 수작업으로 진행한다. 수작업으로 하지 않으면 앞에서 언급한 섬세하고 민감한 부분을 제대로 다룰 수 없고 고유의 맛도 구현하지 못한다. 사실 오전 9시부터 5~7명 이상의 직원들이 작업을 진행해도 물량을 감당하지 못하는 경우가 많아서 한때는 OEM 공장을 알아본 적도 있다. 그러나 고우가 원하는 방식과 수준으로 만들어줄 수 있는 공장을 찾을 수는 없었다. 물량을 늘리고 단가는 낮출 수 있었겠지만, 고우에서 원하는 품질에 맞추지 못할 수도 있다는 업체 측의 답변에 일본 정통 야키토리 브랜드로서 그렇게 진행할 수는 없었다.

〈생활의 달인〉이라는 프로그램이 있다. 여기에 등장하는 맛집에서 재료를 준비하는 과정을 보면, 잘되는 매장은 역시 저렇게까지 정성을 들이는구나 하는 감탄과 함께 박수를 보내게 된다. 좋은 재료에 정성과 수고를 들이면 맛이 없을 수가 없다. 그리고 그 정성과 맛을 손님이 알게 되면 뇌는 점점 세뇌당하고 중독된다. 손님의 오감과 마음은 정직하기 때문이다.

꼬치 시코미 역시 생각 이상으로 섬세하고 민감한 부분이 많다. 이러한 시코미 원칙을 오랜 숙련을 통해 익히고 반드시 지켜나가는 것이야말로 고우가 추구하는 제대로 된 야키토리의 기본이다.

표준화로 수준 높은 상품력을 유지한다

갈 때마다 맛이 다른 국숫집

매장에서 일하다 보면 제때 식사를 챙겨 먹지 못하는 경우가 많다. 고우는 직원들이 식사만큼은 제대로 편하게 먹도록 하자는 생각으로 매장 근처 식당에서 식사를 제공하고 있고, 나도 자주 이용하는 편이다. 개인적으로 국수를 좋아해서 가끔 가는 국숫집이 있는데, 그 식당의 아쉬운 점은 갈 때마다 양이 달라지고 매운맛의 강도도 조금씩 다르다는 것이다. 우리 직원들도 '여기 주방이 또 바뀐 건가?'라고 농담을 할 정도이지만, 주방 직원은 같은 사람이었다.

사실 그 식당의 직원들이 자주 바뀐다고 하더라도 메뉴의 기본 레시피는 있을 것이고, 그러면 어느 정도 통일된 맛과 모양이 나올 법한데도 이상하게 잘 지켜지지 않는 듯하다. 이 식당 사례를 통해 통일된 맛을 유지하는 것이 얼마나 중요하고 힘든 일인지를 잘 알 수 있다. 누가 만들던지 결과물이 같으려면 레시피의 표준화가 되어 있어야 하고 또 그것을 엄격히 준수해야 한다.

고우에서 레시피 준수는 기본 중의 기본이며 반드시 지켜야 하는 철칙이다. 특히 고우는 일본 정통 야키토리를 추구하고 매장을 여러 개 운영하고 있는 브랜드이기에 더더욱 레시피 준수가 중요하다. 매장에 따라 음식 맛이 다르거나 방문할 때마다 메뉴 모양이 변한다면 어떻게 기본을 지킨다고 말할 수 있겠는가!

음식의 맛뿐만 아니라 메뉴의 데커레이션을 변경하거나 담는 접시를 바꾸는 것도 함부로 해서는 안 된다. 단골손님께 신경 쓴다고 음식을 더 내드리거나 토핑 또는 데커레이션을 함부로 변경하는 경우가 있다. 물론 우리 나름의 사정이 있을 수 있지만 손님은 그렇게 느끼지 않을 수 있고 브랜드의 통일성도 무너지게 된다. 특히 외식업 경험이 많은 직원들의 경우 본인의 생각에 따라 레시피를 변형하거나 정해진 기준을 지키지 않는 경우도 있다. 본인의 입장에서는 더 나은 방향이라 생각되겠지만 이러한 생각들은 상당히 주관적인 것이기에 아주 위험할 수 있다.

한번은 단골손님이 '멘타이코 타마고야키(명란 계란말이)'를 주문했다. 잠시 후 손님이 불러서 가보니 지난번에는 무즙이 같이 나왔는데 이번엔 왜 없냐는 컴플레인이었다. 이 메뉴엔 원래 무즙이 제공되지 않는다고 설명드리니 지난번엔 나왔다는 것이었다. 이 메뉴는 고우의 베스트셀러이기에 직원들이 혼동할 리가 없다고 생각했지만, 손님이 보여주신 사진에는 정말로 무즙이 같이 제공되어 있었다. 확인해보니 단골손님이라 같이 드시면 좋겠다는 생각에 추가로 제공했다는 것이었다. 물론 단골손님일 경우 서비스를 드리거나 정해진 양 이상으로 챙겨드리는 경우가 있다. 하지만 그런 경우에도 오늘은 좀 더 챙겨드렸다거나 어떤 부분을 신경 써드렸다고 반드시 따로 말씀을 드려야 한다. 그렇지 않으면 그 양이 정량인 줄 알게 되고 다음 방문 시 레시피대로 제공했음에도 이렇게 불만이 나올 수도 있는 것이다.

레시피의 표준화와 엄격한 준수는 번거롭고 불편한 과정일 수 있다. 하지만 분명한 사실은 그 번거로움이 매장의 기본을 더욱 탄탄하게 만들고 유지해준다는 것이다.

표준화는 절차에 따라 함께 결정한다

음식점을 운영하다 보면 메뉴의 맛이 바뀌었다거나 예전 같지 않다는 말을 한 번씩은 들을 때도 있다. 고우 초창기에 일본에서 유명한 요리학교를 수료한 실력 있는 셰프를 주방 직원으로 채용한 적이 있다. 그 직원은 뛰어난 요리 실력을 가지고 있었고 창의적인 아이디어로 가득 찬 친구였다.

그 직원의 그런 열정적인 모습에 많은 기대를 하고 메뉴 개발에 힘을 실어주었다. 그런데 어느 순간 손님들에게 제공되는 고우의 메뉴 레시피가 조금씩 바뀌고 있다는 것을 발견하게 되었다. 시그니처 메뉴의 맛이 달라지고, 기본 메뉴의 데코가 달라지고, 일식과 프랑스식의 퓨전인 정체불명의 신메뉴도 등장하기 시작한 것이다.

그때 '이게 뭐지!' 하며 당황스런 생각이 들었고, 그 직원이 요리한 음식들을 다시 한 번 꼼꼼히 확인했다. 역시 일부 메뉴의 맛과 모양이 달라져 있었다. 고우의 레시피와 매뉴얼을 준수하지 않고 그 직원이 생각하는 방향으로 조금 변형해 만들고 있었던 것이다.

단골손님들의 반응을 확인하니 고우의 맛이 달라졌다고 느끼는 분들이 많았고, 일식이 아닌 것 같다는 의견까지 있었다. 문제의 심각성을 확실히 느낄 수 있었다. 고우의 기본 레시피를 바로잡기 위해 여러 차례 미팅을 하였지만, 그 직원은 본인의 실력과 셰프로서의 고집(?) 때문인지 레시피 준수에 쉽게 동의하지 못했고 서로 다른 생각에 작은 충돌도 생겼다. 그때 판단을 해야 했다. 그 직원의 생각을 존중하고 레시피나 데커레이션의 변경을 어느 정도 인정해줄 것인지, 아니면 더욱더 강하게 레시피 준수의 중요성을 전달하고 명확히 지키도록 할 것인지를 말이다.

물론 더욱 발전된 방향으로의 신메뉴 개발과 레시피 변경은 지속적으로 이루어져야 한다. 단, 레시피 개선에 대한 아이디어가 있다면, 1차적으로 고우가 추구하는 메뉴의 범주 안에 들어가는지를 먼저 판단하고 변경하는 것이 맞다. 사장이나 직원 한 사람의 독단적인 판단으로 진행되거나 공식적인 절차를 거치지 않고 마음대로 적용해서는 안 되는 것이다. 직영점과 가맹점을 가지고 있는 고우는 당연히 신메뉴 제안이나 레시피 변경을 위한 매뉴얼과 진행절차를 가지고 있다. 만약 어떤 직원이 신메뉴를 도입하거나 레시피를 바꾸고자 한다면, 아이디어를 건의할 수 있고, 채택된 아이디

어는 조리 테스트 등을 거쳐 직원들의 평가를 받아야 한다.

아무리 생각해봐도 고우의 레시피는 고우의 기본과 정체성을 지키는 가장 중요한 요소이고, 그런 의미에서 레시피 준수는 양보할 수 없는 부분이었다. 결국 그 직원에게 레시피 준수를 명확히 강조하고 레시피 변경 아이디어에 대해서는 정해진 절차와 매뉴얼에 따라줄 것을 요청했다. 아쉽지만 그 직원은 본인의 의견대로 받아들여지지 않아서인지 안타깝게도 얼마 후 그만두었다.

소스부터 비장탄까지 모두 표준화한다

고우의 핵심 레시피를 하나 손꼽아 보라고 한다면, 당연히 꼬치에 사용하는 타레(간장 소스)다. 타레는 그 매장의 자존심이라 할 수 있는데, 집마다 간장, 된장 맛이 모두 다르듯 야키토리 가게의 타레 맛도 모두 다르다.

고우의 타레는 10년 전 오픈할 당시에 일본 고우 본점에서 가져온 타레를 베이스로 지금까지 꾸준히 이어져 오고 있다. 고우의 가장 핵심 레시피인 만큼 며느리에게도 알려주지 않는다는 고우만의 비법도 당연히 숨겨져 있다.

특히 타레는 정해진 레시피 그대로 만든다 하더라도, 누가 만드느냐, 또 식재료의 상태는 어떤가 등에 따라 맛이 미묘하게 달라질 수 있다. 따라서 고우에서 가장 숙련된 직원이 재료를 엄격히 선별한 후 작업에 들어가고, 산도 체크와 수차례 맛을 직접 확인하는 작업을 거친다. 나도 타레만큼은 바쁜 시간을 쪼개서라도 수시로 맛을 보고 확인한다.

고우는 야키를 구울 때 기본적으로 소금 베이스로 굽는다. 타레 베이스로만 할 경우엔 자칫 원재료의 맛이 묻힐 수도 있기에 꼬치는 소금 베이스를 기본으로 하되 몇 가지 종류는 소금과 타레 중 하나를 선택할 수 있다. 그래서 소금을 뿌리는 것 또한 중요하다.

꼬치구이에 소금을 뿌릴 때 손으로 뿌리는 사람도 있고 소금통째로 뿌리는 사람도 있다. 항상 사장 혼자서 구울 때는 손으로 뿌려도 문제없지만, 고우처럼 몇 명의 야키 파트 직원들이 있을 땐 다르다. 손으로 하는 것보다 소금통을 사용해야 더욱 일정하게 뿌려진다. 그래서 야키 파트의 직원들은 초반에 검은 도화지 위에 소금 뿌리는 연습을 한다. 도화지가 검은색이기에 하얀 소금이 어떻게 떨어지는지 쉽게 알 수 있다. 이렇게 연습을 하다 보면 어느새 일정하게 소금을 뿌릴 수 있게 된다.

맛있는 야키토리를 위해서는 많은 중요한 요소들이 필요하지만 보이지 않는 숨은 조력자들 중 하나가 바로 비장탄이다. 숯의 중요성은 거듭 강조해도 모자랄 정도인데, 사용하는 숯에 따라 꼬치의 맛도 크게 달라지기 때문이다.

좋은 재료를 얻는다는 것은 장사를 하는 사람으로서 칼을 제대로 갈고 전쟁터에 나가는 것과 같다. 예나 지금이나 나는 무엇보다 좋은 재료를 고르는 데 가장 신경을 쓰는데, 비장탄도 마찬가지다. 야키토리집에서 숯불이란 활력의 원천이다. 야키다이 속 활활

타오르는 불꽃이 열의를 만들고, 이런 열의와 태도가 긍정적인 에너지로 바뀌어 우리 매장으로 손님을 불러온다고 믿는다. 따라서 이런 활력의 원천인 비장탄을 선택하는 데 결코 소홀히 할 수는 없다. 아무리 사소하게 보이는 것이라도 메뉴의 맛에 영향을 주는 것이라면 하나부터 열까지 표준화해 품질을 일정하게 유지할 필요가 있다.

외식업 매장 운영자라면 메뉴의 맛에 변화가 없는지, 레시피를 잘 준수하고 있는지 등에 대해 지속적인 관심을 가져야 한다. 시간이 될 때마다 직접 손님이 되어 메뉴를 주문하고, 서비스도 살펴보고, 음식의 맛도 꼼꼼히 확인할 필요가 있다. 특히 매장이 한가할 때가 아닌 바쁠 때 주문해서 먹어보자. 평소 보이지 않던 것들이 더욱 명확히 드러난다.

사실 표준화는 자칫 대기업에서만 하는 일이라고 생각할 수 있다. 하지만 고우갈이 작은 매장이야말로 더욱더 중요하게 생각하고 실천해야 한다. 작은 매장들은 주방 직원 한 명이 바뀌는 것만으로도 메뉴 전체가 흔들릴 수 있기 때문이다. 따라서 레시피의 표준화를 통해 운영을 더욱더 효율적으로 해야 하고, 주방 직원이 바뀌더라도 일정한 맛을 낼 수 있어야 한다. 또 지금 당장은 하나의 매장일지 몰라도 갑자기 매장을 더 늘릴 수 있고 프랜차이즈를 진행할 수도 있으니, 계속 나중으로 미루지 말고 지금 바로 표준화를 시작하자.

매뉴얼과 시스템으로 운영한다

매장 운영은 약속이다

음식점을 혼자 운영할 때는 내 방식대로 일하면 되지만, 한 명 이상의 직원들이 같이 일을 하게 되면 매장의 룰이 하나둘씩 필요하게 된다. 도로의 차들이 서로 먼저 가려고 하다 사고가 날 수 있기 때문에 이를 방지하기 위해 신호등과 차선이 생겨난 것과 같다. 서로 다른 성향의 직원들이 장시간 한 곳에 모여 일을 하면 제대로 통제가 안 되고 문제가 생길 수밖에 없는데, 이럴 때 교통정리를 해주는 것이 바로 매장의 룰과 절차다.

더구나 외식업은 손님을 직접 대면하며 음식과 서비스를 제공하는 일이다. 당연히 음식에 대한 룰, 서비스에 대한 룰, 직원 관리의 룰 등 수많은 룰과 절차가 필요하다. 이런 룰과 절차들이 모여서 체계화된 것이 바로 매뉴얼과 시스템이다. 아무리 작은 매장이라도 이런 매뉴얼과 시스템이 필요하고, 직원 모두가 제대로 지켜나갈 때야 비로소 큰 탈 없이 매장이 운영될 수 있는 것이다.

고우도 한 번에 모든 것을 정한 것은 아니다. 사실 그렇게 정할 수도 없다. 우리도 매출이 오르고 직원들이 점점 늘어남에 따라 많은 혼선을 빚게 되었고 매뉴얼과 시스템도 계속 수정 보완해야 했다. 당연한 말이지만 작은 매장에는 작은 매장에 맞는 시스템이 있고, 큰 매장에는 큰 매장에 맞는 시스템이 있다. 작은 매장에서 시작해 큰 매장으로 커나가려면, 시스템도 계속 성장하고 변화해나가야 한다.

어떤 사람들은 작은 매장에서 시스템을 구축하기란 너무 어렵고, 수많은 변수가 있는 현장에서 막상 매뉴얼은 큰 의미가 없다고 말한다. 하지만 매일 반복적으로 하는 일에 대한 기본 매뉴얼은 당연히 있어야 하고, 이것이 바탕이 되어야 다양한 변수에 응용할 수 있다. 교통신호가 운전자들이 지켜야 할 약속이듯이, 매뉴얼과 시스템은 매장 운영의 기본이 되는 약속인 것이다. 그리고 매뉴얼과 시스템은 생각보다 그렇게 거창한 것이 아니다. 먼저 기본적인 룰과 규칙을 정하고 그걸 토대로 지속적으로 수정 보완해나가면 된다. 이러한 것들이 계속 쌓이다 보면 시스템이 되는 것이고, 잘 만들어진 시스템은 기본이 흔들리지 않도록 튼튼하게 뒷받침해준다.

완벽한 매뉴얼은 없다

일본을 매뉴얼의 나라라고 한다. 아무리 작은 가게라도 매뉴얼에 따라 일하는 모습을 보고 있노라면 놀라움을 금할 수 없다. 하지만 매뉴얼이 없는 경우에는 간단한 일도 대처하는 데 어려움을 겪는다니 아이러니한 일이다.

물론 때로는 틀에 얽매이지 않고 유연하게 대처하는 것도 필요하다. 하지만 기본적인 매뉴얼이 있느냐 없느냐는 매장 운영에서 큰 차이를 나타낼 뿐 아니라 그 결과도 크게 달라진다. 특히 외식업 운영자가 오너 셰프가 아니라면 매장에 항상 상주하며 관리하기란 결코 쉬운 일이 아니다. 따라서 더욱더 기본 시스템과 매뉴얼에 의해 매장이 움직이도록 해야 한다. 세상에 완벽한 매뉴얼은 존재하지 않는다. 그래서 외식업 매장은 매뉴얼의 완성 그 자체보다 지속적인 개선과 실천에 보다 초점을 맞추어야 한다.

실제 고우도 웬만큼 매뉴얼과 시스템이 갖춰진 상황임에도 실수가 발생하고 문제점이 드러나는 경우가 많았다. 예를 들어 영업 중에 바쁘다 보니 담당 직원이 손님이 주문한 사케를 주문서에 기재하지 않고 제공하고는 그대로 잊어버린 것이다. 10만 원이 넘는 사케를 직원의 어이없는 실수로 돈을 못 받게 되면 매장도 해당 직원도 정말 당황스럽기 그지없다. 제대로 기억도 못 하고 주문서에 적는 것조차 놓치면 어디서 어떻게 누락되었는지 도통 알 수가 없다. 그렇다고 CCTV를 하루 종일 돌려볼 수도 없는 노릇이다.

당연히 매뉴얼은 먼저 주문서에 작성하고 포스에도 입력하도록 되어 있다. 처음에는 단순히 직원 개인의 실수라는 생각도 했지만, 계속해서 문제가 발생하자 매뉴얼의 보완이 필요해 보였다. 그래서 고민 끝에 '사케 반출 리스트'를 만들었다. 사케를 꺼낼 때는 반드시 냉장고 앞에 붙여놓은 '사케 반출 리스트'에 사케명을 적은 주문서와 함께 꺼낸 직원의 이름을 적어놓고, 영업 마감 시에 당일 포스기상의 판매 내역과 사케 반출 리스트 그리고 실제 재고를 매일 맞췄다. 결국 반출 리스트와 크로스 체크를 통해 실수를 사전에 예방하고 실수의 주체와 원인을 쉽게 파악할 수 있게 되었다. 더구나 자연스럽게 매일 술 재고 파악을 함으로써 재고 관리도 더욱 정확해졌다.

이렇게 매뉴얼화하는 과정은 힘들지만 반복적으로 일어나는 문제는 최대한 시스템으로 보완해야 하며, 완벽한 매뉴얼은 없기에 지속적으로 고민하고 개선해야 한다. 기본적인 매뉴얼을 매장 내에서 제대로 실천하고 습관화하면, 완벽한 매뉴얼이 없더라도 스스로 잘 돌아가는 매장으로 만들수 있다.

일·주·월 단위의 체크리스트를 운영하자

고우의 기본 매뉴얼은 크게 매장 관리 매뉴얼과 영업 매뉴얼로 나눌 수 있다. 먼저 매장 관리 매뉴얼은 매장 관리, 시설 관리, 영업 준비 등에 관한 내용으로, 일·주·월 단위의 해야 할 일과 체크리스트 중심으로 구성되어 있다.

특히 체크리스트의 역할은 아주 중요하다. 아무리 조심한다 해도 어쩌다 실수로 놓치는 사소한 부분이 매장에 큰 피해를 줄 수도 있다. 따라서 사소하지만 자주 발생하는 실수들을 방지하기 위해서라도 일·주·월 단위의 체크리스트를 운영할 필요가 있다.

고우의 데일리 체크리스트는 오픈과 마감 시 체크해야 할 사항에 보다 중점을 두고 있다. 매일 식재료의 품질과 유통기한을 확인하는 '유통기한 체크표', 오픈 직전 매장의 구석구석을 확인하는 '오픈 체크리스트'가 있다. 그리고 영업을 마감할 때는 '마감 체크리스트'를 작성해야 하며, 모든 정리가 끝난 후에는 마지막으로 '마감 보고'를 전체 그룹 채팅방에 올린 후 퇴근한다.

일 단위로 하는 일 중에 또 하나 중요한 것은 바로 '일보(日報)'다. 당일 매출은 전체 매출뿐만 아니라 남, 여, 객단가 등 세부 내용까지 기입하고, 당일 지출은 품목별, 계정별로 기입을 해서 매일매일 영업 상황을 한눈에 확인할 수 있도록 한다. 물론 포스에도 기록되고 세무법인으로부터 매월 결산을 받고 있지만, 내부적으로 '일보'도 매일 작성함으로써 매장 경영에 필요한 정보를 보다 세밀하게 관리하고 있는 것이다.

고우의 주 단위 체크리스트는 매장의 시설 관리, 환경 관리, 청소 관리 등에 중점을 두고 있다. 냉장고 필터, 제빙기 관리, 집수정 청소, 튀김기 관리 등은 주 단위로 '청소 체크리스트'를 만들어 관리한다. 특히 담당 직원을 미리 정해 이름을 적어놓고 관리 후엔 사인을 함으로써 보다 확실한 책임감을 부여하고 제대로 진행되고 있는지도 쉽게 파악할 수 있다. 특히 매장마다 엄격히 관리할 필요가 있는 부분들이 있을 것이다. 고우의 경우는 집수정 청소인

오픈 체크리스트

데, 매주 관리 후엔 사진을 찍어 직원 그룹방에 공유하고 있다.

고우의 월 단위 체크리스트는 재고 관리, 실적 관리 등에 중점을 두고 있다. 월 단위 체크 사항 가운데 가장 중요한 것은 역시 재고 관리다. 주류 등은 매일 재고 파악을 하고 있기에 월말에는 특히 주방의 재고 관리에 집중하는데, 단순히 재고 파악으로 끝나는 것이 아니라 재고의 효율적인 관리와 개선에 보다 집중한다. 특히 식재료 선입선출과 로스에 대한 관리는 까다롭고 복잡한 일이지만, 고우의 기본과 밀접하게 관련된 부분이라 선입선출과 로스율에 대한 목표를 최대한 높게 잡고 엄격히 관리하고 있다.

클레임은 영업 매뉴얼로 해결한다

매장 한편에서 무언가에 화가 난 손님은 직원한테 언성을 높이고 있고, 직원은 손님께 연신 죄송하다는 말만 반복하고 있다. 고객 클레임에 대한 대응 매뉴얼이 만들어지기 전에 고우에서 볼 수 있었던 모습이다.

고우의 영업 매뉴얼은 매장 운영, 고객 서비스, 위기관리, 클레임 대응 등의 내용으로 구성되어 있다. 일반적인 외식업 매장이라면 기본적인 영업 매뉴얼 정도는 대부분 가지고 있겠지만, 고우가 특히 차별화하고 있는 내용이 바로 서비스와 클레임 대응이다.

규모가 작은 외식업 매장은 고객 클레임 대응을 소홀히 생각하기 마련이다. 클레임이 없도록 하는 것이 최우선이겠지만 클레임이 발생했을 때의 대처도 아주 중요하다. 현장에서는 정말 예상치 못한 여러 가지 일들이 많이 일어난다. 사장이나 점장이 매장에 없고 체계적인 클레임 대응 매뉴얼도 없다면 직원들은 효과적으로 대처하지 못하고 우왕좌왕하기 마련이다. 따라서 구체적인 매뉴얼을 준비해놓고 공유할 필요가 있으며, 이렇게 하면 직원들의 서비스 정신도 자연스레 높아져 사전 예방 효과도 커진다.

고우는 클레임 대응을 크게 4단계로 구분해 놓는데, 여기서 간단히 소개한다.

1단계: 손님의 이야기를 경청하고 불만 내용을 파악한다

손님이 불만 사항을 이야기하면 경청하는 것이 최우선이고 가장 중요하다. 어떤 상황에 불만이 있는지를 구체적으로, 또 충분히 파악하는 것이 가장 먼저 해야 할 일이다.

2단계: 손님의 감정에 공감하고 신속히 조치 또는 사과한다

손님의 불만 내용이 직원의 후속 조치로 해결될 수 있는 문제라면 정중한 사과와 함께 가능한 신속히 대응해서 문제를 해결하도록 한다. 직원의 후속 조치로 해결될 수 없는 문제라면, 손님의 감정에 공감하며 잘못된 부분에 대해 최대한 정중하게 사과해야 한다. 이때 주의할 점은 상황에 대해 변명하거나 옳고 그름을 따지지 않고, "주문 메뉴가 많이 늦어져서 정말 죄송합니다", "제가 제대로 못 들었나 봅니다. 죄송합니다"와 같은 솔직한 사과로 손님의 불만을 해소시켜야 한다. 진심을 다한 사과만이 빠른 해결로 이어질 수 있다. 영혼 없는 사과만 한다거나 아무 반응 없이 듣고만 있으면 손님 입장에서는 소극적인 태도로 여겨 불만이 더 커질 수도 있다.

3단계: 빠른 대응 후 책임자(점장 또는 사장)에게 신속히 보고한다

손님의 클레임에 대한 신속한 보고도 아주 중요하다. 특히 중대한 클레임으로 생각되는 경우, 손님의 불만이 해소되지 않는 경우, 직원의 조치만으로 해결이 어려운 문제일 경우 즉시 상급자에게 보고해야 한다. 직원이 스스로 해결하려다 오히려 문제를 확대시키는 사례는 외식 현장에서 아주 비일비재하다. 불만 고객의 요구 사항은 매우 다양한데, 새로 메뉴를 달라고 하거나, 메뉴 가격을 할인해달라고 하거나, 심지어 금전적인 요구를 하기도 한다. 직원 차원에서 스스로 해결할 수 없는 문제라면 지체 없이 점장 또는 사장에게 보고해 대응해야 한다.

4단계: 사후 관리 또는 A/S를 확실히 한다

신속한 조치와 사과로 일단 문제를 해결했다고 하더라도 사후 관리는 필요하다. 직원은 손님이 매장을 나가는 순간까지 신경을 써야 하고, 계산 시에는 한 번 더 죄송하다는 말을 전할 필요가 있다. 우리는 문제가 해결되었다고 생각하지만, 손님의 마음에는 아직 불만이 가시지 않았거나 해결되지 않은 문제로 남아 있을 수 있다. 사후 관리는 이런 손님의 마음을 헤아려 손님이 매장을 나갈 때까지 관심을 기울이고 한 번 더 죄송한 마음을 전달하는 과정이다. 이렇게 하면 사후에 다시 클레임을 제기하는 사례가 훨씬 줄어든다.

직원 관리도 시스템이다

요즘은 직원 관리도 시스템화 되어 있다. 근태 관리, 업무 관리, 직원 교육 등에 대한 앱과 프로그램이 너무나도 많고 누구나 손쉽게 접할 수 있다. 하지만 직원 관리에 관한 매뉴얼과 시스템을 만들 때는 매장의 근무 환경, 조직 문화와 분위기, 인사 및 직급체계, 운영자의 철학 등을 잘 이해하고 반영해야 한다. 특히 외식업 매장은 이직이 쉽고 직원이 바뀌는 경우가 많은데, 시스템이 제대로 되어 있어야 직원이 바뀌더라도 신속히 적응하고 공백을 줄일 수 있다.

고우의 직원 관리 시스템은 사장과 직원의 소통 부분, 주로 회의에 관한 내용으로 전 직원이 진행하는 주간회의, 주방·야키·시코미 등 팀별 회의, 신메뉴 및 아이디어 회의, 야키 테스트 등에 대한 규정과 절차를 정하고 있는데, 개인적으로 중요하게 생각해서 계속 개선 보완하고 있다.

특히 일본 외식업 매장에서 주로 사용하는 쉬프트, 즉 직원 근무 스케줄 작성은 어느 정도 시스템화 하기 전까지 고우도 매번 골머리를 앓는 부분 중의 하나였다. 고우의 근무 스케줄은 일본 고우에서 작성하는 방식을 한국 사정에 맞게 시스템화 하여 쓰고 있는데, 월 2회(1일~15일, 16일~말일) 작성을 기본으로 한다. 먼저 평일

은 최소 6명, 주말은 최소 8명으로 해서 야키 직원 1명, 주방 직원 1~2명을 우선 배치한 후 드링크, 이리구치(출입문), 홀 담당자를 추가하며, 휴무일은 주 5일 근무 스케줄에 맞춰 정하되 사정이 있는 경우 휴무를 신청하고, 마지막으로 적정 인원을 기준으로 아르바이트생을 투입한다. 막상 짜놓고 나면 별거 아니지만, 체계적인 시스템이 없다면 시간도 많이 걸리고 혼선도 발생하는 번거로운 작업이다.

신입직원 관리도 고우만의 독특한 시스템이 있다. 면접 후 합격을 하면, 입사일 최소 3일 전쯤에 특이 사항이 없는지 확인한 후 메뉴의 내용과 사진, 업무용 일본어와 약어명 리스트, 기본 업무 매뉴얼과 주의 사항 등을 보내 출근 전까지 숙지하도록 한다. 그 이유는 미리 숙지해야 할 내용이 많기도 하지만, 무엇보다 출근하기 전에 고우에서 계속 일할 수 있을지 없을지에 대해 1차적으로 필터링하기 위해서다. 고우에서 일하는 것을 쉽게 생각했던 사람들은 여기서 포기하는 경우도 많다. 그러나 그만한 각오도 없다면 험난한 외식업 현장에서 어떻게 버티고 성장할 수 있겠는가. 무엇보다 이 정도의 기본 내용도 미리 숙지하지 못한다면, 고우에서 제대로 일할 수가 없다는 판단이다.

사람이 바로 매장이다

비가 와도 사장 탓, 눈이 와도 사장 탓

외식업 매장을 운영하는 데 있어 중요한 요소들이 많다. 그중에 큰 부분을 차지하는 것이 바로 사장의 역할이다. 처음에는 나 자신을 돌아보기보다 내 성에 차는 직원들이 왜 없을까 하며 내 맘 같지 않은 직원들을 탓한 적도 있다. 그러나 비가 오는 것도 사장 탓, 눈이 오는 것도 사장 탓이라는 말처럼 모든 것은 사장의 책임이며, 사장의 올바른 생각과 행동이 바탕이 되어야 매장이 제대로 운영되고 더욱 성장할 수 있음을 절실히 느끼게 되었다.

'사장이 곧 매장이다'란 말도 있듯이, 사장의 생각과 행동은 고스란히 매장을 운영하는 방침이 된다. 사장이 제대로 된 생각과 행동을 하지 않는다면 매장을 올바르게 운영할 수 없고, 사장 혼자만 생각하고 직원들과 공유하지 않는다면 직원들은 결코 사장의 생각을 알 수 없을 것이다.

예전의 나는 손가락으로 달을 가리키며, 직원들이 내 손끝만 바라본다고 나무랐다. 사장이 무엇을 중요하게 생각하는지, 어떤 가치관과 비전으로 매장을 이끌어가고 있는지, 또 구체적으로 어떻게 하라는 것인지, 사장의 경영철학을 직원들에게 정확히 공유하지도 않았고 직원의 입장에서 생각하거나 충분한 배려를 하지도 못했다.

한두 번 얘기하고는 직원들이 모두 나의 생각을 받아들였을 거라고 생각한다면 큰 오산이다. 사장이 자신의 생각을 제대로 전달하려면 기회가 될 때마다 그 중요성을 거듭 강조해야 하고, 직원들이 이해할 수 있도록 쉽게 전달해야 하며, 그럼에도 불구하고 따르지 않는 직원을 무조건 탓해서도 안 된다. 외식업 매장의 운영자라면 직원을 탓하기 이전에 나 자신을 먼저 돌아보고 상대방의 입장에서 생각하는 자세가 반드시 필요하다. 쉽지는 않았지만 시간이 지나면서 터득한 중요한 교훈 중의 하나다. 하루에도 이런저런 수많은 일들이 생기는 매장에서 직원들의 행동 하나하나를 결정짓는 사람은 다름 아닌 사장이기 때문이다.

긴밀한 소통의 중요성

"여자 사장이라 힘들지 않나요?" 내가 가장 많이 받는 질문 중의 하나다. 사장의 역할이 여자냐 남자냐에 따라 달라질 것은 없지만, 직원 모두가 남자인 이자카야 매장에서 여자 사장인 내가 직원들을 리드하는 것이 결코 쉽지 않아 보였나 보다. 물론 힘들고 아직도 갈 길이 먼 부분이다. 그래서 직원 관리에 항상 신경을 쓰면서 조언도 자주 구한다.

고우는 오전에 근무하는 직원들은 모두 여성이고, 밤에 현장 근무하는 직원들은 모두 남성이다. 여자 직원들과 남자 직원들의 공통적인 성향의 차이가 분명히 있다. 그러나 오랜 기간 남자 직원들을 대하면서 느낀 점은 여자이건 남자이건 긴밀한 소통이 가장 중요하다는 것이다. 소통은 사람의 성별이나 연령에 관계없이 관계를 유지하는 만능열쇠이며, 여자 사장이고 남자 직원이라고 결코 다르지 않다.

직원들과의 가장 좋은 소통은 진솔한 대화와 인간적인 교류로부터 시작된다. 어찌 보면 가장 수월한 소통의 자리는 매장 마감 후 한잔하는 것인데, 나는 아직 어린 자녀가 있서 마감 후 시간을 내는 것이 쉽지 않아 항상 아쉽게 여기는 부분이다. 그래서 대신 영업 전에 어떻게든 시간을 내서 직원들과 식사를 함께 하거나 잠시 커피라도 한잔하며 이야기를 나누려고 한다. 이런 시간에는 조례 시간이나 회의에서 들을 수 없는 직원 개인의 생각이나 의견을 들을 수 있고 내 생각도 보다 진솔하게 전달할 수 있다.

사장이 먼저 말하기 전에 직원들이 먼저 말할 수 있도록 편한 분위기를 만드는 것 또한 중요하다. 직원들과 대화를 하다 보면 예상외의 말을 듣는 경우도 있다. 이럴 때 내 반응이 안 좋거나 화를 낸다면 직원들이 편하게 의견을 제시한다거나 생각을 공유하지 않을 것이다. 따라서 직원들과 얘기할 때는 최대한 경청하려고 한다. 아무리 엉뚱한 이야기를 한다 할지라도 단번에 자르기보다 한 번 생각해보자는 식으로 마무리하고, 의견을 제시한 것에 대해 고마움을 표현한다.

사장이 없어도 돌아가게 만들어라

사장이 없으면 매장이 돌아가지 않는다고 생각되는가? 내가 없으면 제대로 돌아가지 않을 거라는 이상한 자부심을 갖고 있는 분들도 있다. 그러나 모든 것이 사장 중심으로 움직이고 사장 없이는 아무것도 진행할 수 없다면 제대로 된 시스템이 작동하지 않는 것이다.

외식업 매장은 결코 사장 혼자서 운영할 수 없다. 앞에서 '사장이 곧 매장이다'란 말을 했지만, 사장의 역할이 그만큼 중요하다는 말이지 사장이 가장 중요한 사람이란 말은 아니다. 사실 외식업 매장의 운영은 '사람이 바로 매장이다'라는 표현이 더 맞는 듯하다. 사장은 매장을 이끌어가는 리더일 뿐, 결국 매장은 직원들이 움직인다. 따라서 올바른 시스템과 매뉴얼을 구축해서 사장에 대한 의존도를 낮추고 직원들의 성장과 자립심을 키워야 한다. 근본적으로 뿌리가 탄탄해서 알아서 굴러갈 수 있는 조직이 만들어지면, 사장이 없어도 문제없이 매장이 원활하게 움직일 수 있는 것이다.

고우가 추구하는 목표 중에 하나는 바로 '전 직원의 점장화'이다. 요즘 기업에서는 중간관리자가 점점 사라지고 있는데, 현시대가 요구하는 모습이 무엇인지를 잘 말해주고 있다. 최저임금의 상승과 치열한 경쟁으로 인해 외식업 매장은 갈수록 생산성과 효율성을 추구할 수밖에 없고, 결과적으로 직원들에게 점점 더 많은 역할을 요구하게 된다. 고우도 더 이상 사장이 모든 것을 결정할 수 없기에 몇 년 전부터 전 직원이 점장처럼 일하는 방식으로 운영하고 있다. 각 파트의 직원들이 본인의 역량을 최대한 발휘해 맡은 일을 제대로 해낸다면 매장은 점장이 없어도 별탈 없이 잘 운영될 수 있다.

작은 매장인 고우에서도 예전에는 대리, 팀장, 점장 등 체계가 있었다. 하지만 현재는 직급 구분 없이 모두가 '○○군' 등의 호칭으로 통한다. 물론 선임과 후임이 존재하고 선임은 후임을 이끌어주긴 하지만 기본적으로는 신입직원이 아니라면 모두 동등한 수평 관계이며 업무에 있어서도 권한과 책임의 경중을 가리지 않는다. 아르바이트생도 마찬가지로 권한이 없고 일의 비중도 약한 것이 아니라 근무 중에는 누구나 똑같이 존중받되 최소 자기 역할 이상을 수행해야 한다. 이태원 본점의 경우 시코미 직원들을 제외한 영업 중에 근무하는 직원과 아르바이트생은 대략 13명 정도 된다. 이 모든 스태프들은 쉬프트(근무 스케줄)에 따라 교대로 근무하는데, 각자의 포지션뿐만 아니라 교차되는 다른 포지션에 대해서도 모두 알고 있고 때에 따라서는 점장 역할도 바로 수행할 수 있다. 그래서 사장이나 점장이 없더라도 매장은 큰 문제없이 원활하게 돌아가는 것이다.

여기서 놓치지 말아야 할 점은 권한의 위임과 상황에 따라서는 보상이 뒤따라야 한다는 것이다. 직원도 자신을 계발하기 위해서라면 능력을 키우고 다양한 역할을 수행해봐야 하지만, 그런 원론적인 말만으로는 결코 직원들의 호응과 실천을 얻을 수 없다. 적절한 동기부여와 일관된 추진력이 있어야 제대로 성공할 수 있다.

좋은 직원, 나쁜 직원! 새옹지마!

사람들은 누구나 자신의 운이 좋기를 바라며, 일이 잘 풀리는 사람을 보면 운이 좋다고 부러워한다. 하지만 운이란 절대 그냥 찾아오지 않는다. 나는 사소하지만 일상에서 보여주는 좋은 말과 행동들이 모여서 어느 순간 좋은 운을 불러온다고 믿는다. 사실 난 일부러라도 늘 운이 좋다거나 잘될 거라는 믿음을 갖는다. 아니 자꾸 반복해서 그렇게 생각하고 말한다. 그런 긍정의 기운이 나 자신을 돌고 우주까지 돌아 다시 내게로 돌아온다고 믿는다.

고우를 운영하면서도 그런 긍정의 힘을 많이 느낀다. 특히 직원들을 구할 때 경험하는 일이지만 직원이 개인 사정으로 갑자기 그만둬서 신입직원 구인에 애를 먹다가도 데드라인 직전에 인연이 되어 좋은 직원을 들이게 된다.

사실 외식업을 '사람 사업'이라고 할 정도로 사람이 가장 중요하고 모든 일에 있어 기본이 된다. 그런데 사람과의 인연은 정말 알 수가 없고, 새옹지마란 말이 딱 맞는 것 같다. 마음에 드는 직원이 있으면 정말 믿음으로 대해주며 퇴사하지 않고 오래 다니길 바라지만 어쩔 수 없는 상황으로 갑자기 그만두게 된다. 괜찮은 직원을 다시 뽑기 힘들 것 같고 역시나 사람으로 인해 이런저런 어려움을 겪다가도 갑자기 가뭄에 단비처럼 좋은 직원을 또 만나게 된다.

사장은 좋은 직원을 만났을 때는 신뢰를 얻어 오래갈 수 있도록 해야 하고, 좋지 않은 직원을 만났을 때는 좋은 직원이 될 수 있도록 이끌어줄 필요가 있다. 하지만 좋은 직원을 대하는 것도 좋지 않은 직원을 대하는 것도 어느 하나 쉬운 일이 아니다. 그래서 나는 다른 무엇보다 나 자신이 먼저 직원들에게 존중받는 사장, 신뢰할 수 있는 사장, 닮고 싶은 사장이 되어야 한다는 것을 알게 되었다.

내가 생각하는 외식인의 기본자세

직원으로부터 존중받고 신뢰받는 사장이 되는 것은 매장 운영의 기본이며 장사를 성공으로 이끄는 밑거름이다. 그래서 나는 특히 외식인이 가져야 할 기본자세를 몇 가지 정해서 꾸준히 실천하고 있다.

긍정 마인드를 유지한다

외식업은 참으로 어려운 일이다. 이런 힘든 현장에서 긍정적인 마인드가 없다면 오래 버틸 수 없고 주변의 다른 동료들에게 부정적인 영향을 주게 된다. 그래서 직원을 채용할 때 이 부분을 면밀히 살펴보기도 한다.

오랜 기간 고우를 운영하면서 많은 직원들과 함께 일해봤지만, 겪어보기 전에는 사람 속을 전혀 알 길이 없고 사람의 성격은 정말 쉽게 바뀌지 않는다. 또 긍정의 마인드는 누군가 줄 수 있는 것도 아니고 가만히 있다 보면 자연스럽게 생겨나는 것도 아니다. 결국 항상 긍정적인 마인드를 유지하기 위해 스스로 노력하는 수밖에 없다. 특히 사장은 모든 직원들이 지켜보는 자리에 있는 만큼, 본보기를 보이기 위해서라도 초긍정적인 자세로 일할 필요가 있다.

약속은 반드시 지킨다

어느 매장이든 어떤 조직이든 모든 직원들이 100% 만족하는 곳은 많지 않을 것이다. 나 역시도 직원들한테 존경받는 리더가 되길 희망하지만 현실은 언제나 내 맘 같지 않다. 그래서 이상적인 사장의 모습을 머릿속에 그려보고, 사장이 지켜야 할 자세를 적어서 벽에 붙여놓고 읽어보며, 하루하루 실천하려 애쓰고 있다. 특히 많은 부분들 중에서 약속만큼은 반드시 지키려 최선을 다한다. 이는 신뢰가 얼마나 중요한 것인지 알기 때문이다. 신뢰는 그냥 쌓이는 것이 아니라 많은 시간과 노력이 필요하지만, 사소한 일로 쉽게 무너질 수도 있다. 혹여나 정말 피치 못할 사정으로 약속을 못 지킬 경우에는 그에 대한 충분한 사과와 설명을 소홀히 하지 않는다. 자신의 말에 책임지고 약속을 지키는 자세는 같이 일하는 직원들의 신뢰를 얻을 수 있는 기본이다.

항상 감사하는 마음을 가진다

예전의 나는 부족한 부분이 있으면 의기소침해하며 스스로를 힘들게 한 적이 많았다. 그러나 세월이 지나고 나이를 먹다 보니 그런 생각들이 전혀 도움이 되지 않는다는 것을 깨달았다. 아침에 눈을 떠서 건강하게 하루를 맞이하는 것, 우리 가족이 모두 건강한 것, 나갈 일터가 있는 것, 착실하게 임해주는 직원들과 고우를 찾아주시는 많은 고객들이 있는 것 등 가만히 생각해 보면 이렇게 감사할 일이 너무나 많다는 것도 알게 되었다. 나도 사람인지라 직원들이 실수하면 화가 나고 야단도 치지만, 그래도 고우에서 인연을 맺어 열심히 일하는 직원들에게 항상 감사하는 마음을 가지고 있다. 오히려 외식업의 어려움을 알게 될수록, 사장인 내가 놓치는 부분은 없는지, 부족한 부분을 어떻게 채워주고 도와줄 수 있는지를 항상 고민한다. 생각해보면 너무 당연해서 고마움을 느끼지 못하는 것들이 우리 주변에 아주 많은데, 언제나 감사하며 하루하루 살아갈 필요가 있다.

솔선수범하고 일로써 따르게 한다

사장이 직원들에게 가장 최우선으로 보여줘야 하는 모습은 직원 이상으로 솔선수범하는 자세다. 외식업 매장에서 사장이 지시만 하고 분위기 잡는 시대는 이제 끝났다. 사장은 직원 이상으로 철저히 갈고닦아 직원들로 하여금 일로써 따르게 해야 한다. 특히 자신의 매장에서 일어나는 모든 상황을 알고 모든 일을 직접 할 수 있어야 한다.

실제 있었던 일이다. 휴무일에 가족과 시간을 보내고 있는데 한창 영업 중이던 시간에 평소 불만이 많았던 직원 하나가 갑자기 퇴사하겠다며 업무를 팽개쳐버렸다. 함께 일하던 다른 직원들까지 선동하는 분위기였는데, 아마 그 직원은 사장이 오너 셰프가 아니니 핵심 직원들이 빠지면 매장이 돌아가지 못할 거라 생각하고 그런 취약한 부분으로 나를 압박하려 했던 것 같다. 내 마음 같지 않은 안타까운 상황이지만, 나는 나머지 직원들을 안정시키고 바로 현장에 들어가 아무 일 없었던 듯 업무를 보았다. 분위기는 반전되었고, 그 직원의 사직서도 바로 수리했다. 사장은 오너 셰프가 아니더라도 현장의 필요한 부분에 바로 투입될 수 있어야 한다. 그리고 평상시에는 솔선수범하는 자세로 직원들을 이끌고 신뢰를 쌓아야 한다.

자기관리는 기본 중의 기본이다

매장도 자기관리가 필요하다

고우의 성장 키워드에서 갑자기 자기관리를 이야기하면, 성공의 전략이나 비법을 기대하신 분들은 조금 의아해할지도 모른다. 하지만 이 책에서 무엇보다 강조하는 고우의 기본 지키기를 이야기할 때 자기관리를 빼고 그냥 넘어갈 수는 없다.

자기관리는 그만큼 기본 중의 기본이고 성공의 필요조건이다. 공적이든 사적이든 자영업이든 사무직이든, 자기관리를 잘한다는 것은 내가 가는 길의 기초를 잘 다지고 있다는 의미다. 자기관리를 못 하는 사람은 성공하기도 어렵고 설사 성공하더라도 절대 오래갈 수 없다. 그래서 서점에 가면 다른 어떤 분야보다 자기관리나 자기계발에 관한 책을 가장 많이 볼 수 있고, 새로운 책들도 쉴 새 없이 쏟아져 나오는 것이다.

음식을 파는 외식업 매장에서도 자기관리는 꼭 필요하다. 먼저 매장 차원에서는 시설 관리, 위생 관리, 브랜드 관리, 직원 관리 등이 지키고 관리해야 할 내용이며, 개인 차원에서는 마인드 관리, 건강 관리, 외모 관리, 시간 관리, 목표 관리, 자기계발 등이 경영자와 직원 모두가 관리해야 할 내용이다.

사실 현실에서 나 자신을 잘 관리한다는 것은 결코 쉬운 일이 아니다. 자기관리가 잘되지 않는 사람은 수많은 유혹과 고난에 쉽게 흔들릴 수 있으며, 업무로 인한 스트레스, 인간관계의 문제 등 수시로 겪게 되는 문제에 매몰되거나 쉽게 낙담해 결국 좌절하고 마는 경우를 주변에서 많이 보았다. 그러나 평상시에 자기관리를 통해 잔잔한 파도를 헤쳐 나가며 차곡차곡 내공을 쌓은 사람들은 큰 태풍에도 쉽게 좌절하지 않고 결국은 성공에 이른다.

외식업 매장도 마찬가지다. 매장의 운영자는 매장의 입장에서 지키고 준수해야 할 내용들을 잘 파악하고 꾸준히 자기관리를 해야 한다. 이렇게 매장의 자기관리를 빈틈없이 잘하면, 어렵고 힘든 상황에 쉽게 빠지지 않고 갑자기 닥쳐온 위험도 잘 헤쳐 나갈 수 있다. 이것이 바로 고우가 자기관리를 중요하게 생각하고 필요로 하는 이유다.

내가 아프면 동료가 힘들다

자기관리는 건강, 외모, 시간, 목표, 교육 등을 모두 포괄한다. 한 사례로 사람들은 좋든 싫든 자신의 외모로 평가받는 경우가 많다. 문제는 타고난 외모야 어쩔 수 없다 하더라도, 옷차림이나 청결처럼 자신이 제대로 관리하지 못해서 마이너스 평가를 받는다면 정말 안타까운 일이다. 특히 외식업 매장은 생각보다 외모를 중요시하는 경우가 많다.

나는 매장을 운영하면서 나 자신뿐 아니라 직원들과 아르바이트생들 모두에게도 항상 이 부분을 강조한다. 물론 이것을 받아들이는 것은 결국 각자의 의지이지만, 조금이라도 나 자신의 노력을 통해 주변의 사람들도 좋은 방향으로 미래를 맞이했으면 하는 생각에 자주 오지랖을 부린다.

외식업 현장에서 가장 중요한 자기관리는 바로 건강 관리다. 고우의 경우에도 현장에서 직원 한 명이 몸이 안 좋으면 한 사람 몫을 못 하게 되어 그만큼 다른 동료들에게 업무 부담이 가중된다. 몸이 안 좋은 것은 안타깝고 어쩔 수 없는 부분이지만, 그렇다고 주변에서 당연하게 받아들이는 것은 아니다. 특히 현장에서 가장 힘든 건 결국 본인이므로 건강 관리는 스스로 신경 써야 한다.

외식업 매장은 늦은 영업시간, 불규칙한 식사, 바쁜 업무 강도 등 건강을 해치기 쉬운 환경이다. 여기서 운동이나 독서 등을 통해 자기관리를 하자고 하면 외식업 종사자들은 그럴 시간이 어디 있냐고 반문할 것이다. 하지만 절대 시간만의 문제는 아니다. 자기관리에 대한 의지가 있다면 어떻게든 필요한 시간을 만들거나 찾아낼 수 있다. 특히 외식업 매장 운영자는 하루이틀 장사할 것도 아닌데 건강 관리에 더 신경을 많이 써야 한다.

고우도 늦은 시간 영업을 하는 곳이라 건강을 챙기기 어려운 환경이다. 나는 건강을 위해서 계단은 무조건 운동 삼아 걸어 올라가고 30대 때부터 꾸준히 해오던 유산소 운동은 지금도 게을리하지 않는다. 특히 현장에 임할 때는 최대한 빠릿빠릿하게 움직이면서 최선을 다하는 모습도 보이고 부수적으로 내 건강도 챙긴다.

슈퍼리치처럼 목표를 관리하자

고단한 현실에 부딪혀 꿈과 목표가 잠시 모호해질 때면, 나는 슈퍼리치 김승호 회장님의 유튜브 강의를 듣곤 한다. 돈의 속성과 부의 비밀에 관한 흥미로운 이야기를 듣고 있노라면, 어느새 정신이 번쩍 들고 모호해진 꿈과 목표가 눈앞에 다시 선명하게 그려진다.

외식업의 현실은 힘들고 환경은 열악하다. 그러나 언제까지 현실을 탓하고 내 환경을 비관할 수만은 없다. 그럴 시간에 긍정적으로 앞으로 전진해야 한다. 다만 무조건 전진하는 게 아니라 뚜렷한 꿈과 목표를 세운 후, 가능한 짧은 기한 내에 해낼 수 있는 계획으로 작지만 하나하나 이뤄보자. 한 단계 넘으면 그다음 단계, 다음 단계를 지나면 또 더 긴 단계 순으로 실행해가자. 그러다 보면 언젠가 내가 원하는 최종 목표에 도달해 꿈을 이룰 수 있을 것이라고 확신한다.

다른 곳도 마찬가지겠지만 고우를 거쳐간 직원들도 목표를 가지고 하루하루 최선을 다하는 직원들과 목표 없이 술자리로 시간을 보내는 직원들 두 부류로 나뉘는 것 같다. 두 부류는 근무 태도도 크게 차이가 난다. 목표를 세워 관리를 철저히 하는 직원들은 매사에 적극적이고 긍정적이다. 무엇보다 목표가 있어서인지 결코 시간을 허투루 보내지 않는다. 당연히 목표 관리가 안 되는 직원들은 하루가 무기력하고 매사에 불만도 많다.

경영자도 직원과 다르지 않다. 비록 내 매장이 작고 보잘것없더라도, 적어도 목표만큼은 슈퍼리치처럼 관리해야 한다. 목표를 향해 나아가다 잠시 흔들리면, 평소 즐겨 읽던 책이라든지 자기계발에 관한 유튜브 등을 활용하면 도움이 된다. 똑같은 내용이라도 평상시에 보는 것과 내가 힘들고 고민이 있을 때 보는 것은 받아들이는 게 다르다. '나만 이런 고민을 하고 이런 문제를 겪는 게 아니구나', '이 사람은 나보다 더한 상황도 극복했구나'라고 느끼게 되면, 정신이 번쩍 들고 잃었던 용기도 다시 솟아난다.

바쁜 시간을 쪼개 책을 읽는 비법은 의외로 간단하다. 가방 속에 무조건 책을 한 권씩 넣고 다니는 것이다. 나도 출퇴근할 때 지하철에서 잠깐씩 짬을 내어 책을 읽는다. 요즘은 공부할 수 있는 유튜브나 오디오북도 정말 잘되어 있어서, 이동시엔 항상 이어폰으로 들으며 시간을 효율적으로 사용한다. 특히 일본어와 영어는 잊지 않기 위해 꾸준히 공부하고 있다. 이렇듯 마음만 먹으면, 충분히 자기계발을 할 수 있다.

시간 관리는 업무 효율화로 직결된다

매장에서 직원들과 미팅할 때 가장 많이 이야기하는 안건 중에 하나가 바로 업무의 효율화다. 할 일이 많다고 근무시간을 무작정 늘릴 수도 없고, 자신을 희생해 좀 더 일하는 직원도 흔치 않다. 고우 오픈 초기만 해도 본인의 시간을 투자해 일하는 직원들이 많았지만, 지금은 '워라밸' 등으로 개인이 추구하는 가치가 달라졌고 회사도 근로자들의 권리 보호에 결코 소홀할 수 없다.

주어진 근무시간에 최대한의 업무 성과를 내려면 어떻게 해야 하는지를 적극적으로 고민해야 한다. 특히 시간 관리는 매장 차원뿐만 아니라 개인 차원에서도 노력할 필요가 있다. 제대로 관리되지 않으면 매장은 성과 없이 생산성만 낮아지고, 직원은 일이 바쁘건 덜 바쁘건 항상 업무가 많아 힘들다는 말만 되풀이하게 된다.

고우의 직원들도 영업시간이 다가올수록 더욱 분주해진다. 홀을 담당하는 직원만 해도 테이블 청소, 식기 세팅, 시치미통 확인, 꼬치통과 메뉴판 확인, 조명 확인, 노렌(일본 가게 출입구에 쳐놓는 천) 확인, 외부 메뉴판 확인, 화장실과 매장 앞 청소 등 정말 많은 일들을 영업 시작 전에 모두 끝내야 한다. 주방과 야키 파트 직원들은 더 말할 것도 없다.

고우는 이렇게 많은 부분을 잘 챙기고 업무의 효율화를 위해 앞부분에 언급했던 오픈 체크리스트와 같은 매뉴얼과 시스템을 만들어 실행하고 있다. 하지만 그렇다고 정해진 시간에 해야 할 업무가 줄어들지는 않는다. 똑같은 일을 하는데도 어떤 직원은 업무량이 많고 속도도 빠른 반면 또 어떤 직원은 그렇지 못하다. 결국 두 직원들의 차이는 주어진 시간을 효율적으로 활용하고 있느냐, 또 일의 우선순위를 두고 열심히 집중하고 있느냐의 문제다. 이렇게 업무 효율은 시간 관리의 효율과 직결된다. 따라서 업무 효율화를 위해서는 직원 각자의 시간 관리 노력이 병행되어야 한다.

특히 외식업 매장은 직원의 지각과 결근이 발생하지 않도록 잘 관리할 필요가 있다. 작은 매장에서 지각과 결근은 단순히 개인 하나의 문제로만 끝나는 것이 아니라, 매장 전체의 성과와 분위기에 영향을 주기 때문이다.

2장

매출이 보인다

매출을 결정짓는 6가지 원칙

손님에게서 답을 찾다

오모테나시

최근 '오모테나시'라는 단어가 외식 시장에서 자주 등장한다. 2020년 도쿄올림픽 유치위원인 아나운서 타키가와 크리스텔이 한 '오모테나시' 연설이 올림픽 유치에 결정적 기여를 했다는 평가를 받으면서 일본인의 정중함과 친절함을 상징하는 단어가 됐다. 오모테나시는 일본어로 접대를 뜻하는 '모테나시(もてなし)'에 정중함을 더하는 표현으로 '오(お)'를 덧붙여 '최고의 환대'를 나타내는 말이다. 일본 에도시대 고급 요리인 '가이세키'에서부터 비롯됐다고 알려지는데, 특히 식당이나 료칸의 극진한 접대 문화로 대표된다.

일본을 여행해본 사람이라면 누구나 느끼는 부분이지만, 일본은 '서비스 천국'이라 할 정도로 손님에 대한 서비스가 극진하다. 일본 외식이 전 세계적으로 인기를 끌게 된 배경에는 단순히 맛있는 음식뿐만 아니라 이러한 서비스 문화가 큰 역할을 한 것도 과언

이 아닐 것이다.

고우에서 홀 직원 면접을 볼 때 반드시 질문하는 것 중에 하나는 외식업 매장에서 일할 때 무엇이 가장 중요하다고 생각하느냐이다. 많은 대답들이 나오지만, '오모테나시'의 마음으로 일하는 게 중요하다고 100점짜리 답안을 이야기하는 직원이 있으면 바로 합격 점수에 가까워진다. 그런 사람은 역시 기대를 저버리지 않고 손님 응대도 정말 남다르다.

사실 외식업의 처음과 끝은 손님이라고 할 수 있을 정도로 손님에 웃고 운다. 어떻게 하면 방문해주신 손님을 만족시킬지, 어떻게 하면 우리 매장을 잊히지 않게 만들지를 항상 고민하고 연구하지만 결론적으로 모든 해답은 바로 손님한테서 찾을 수 있다. 손님의 마음을 얻고 지속적으로 찾아오게 만들 수 있다면, 매출은 당연히 뒤따르게 된다.

고우는 태생적으로 일본 브랜드이기에, 손님 응대 시 '오모테나시'의 마음으로 대하려 애쓴다. 특히 손님에 대한 마음가짐은 가장 중요하게 생각해 항상 강조해서 직원들에게 교육한다. 단순히 친절한 태도와 모습을 보이는 것만이 중요한 게 아니라 순수한 마음으로 정성을 다한다는 진심이 담겨 있어야 비로소 손님의 마음을 얻을 수 있다고 생각하기 때문이다.

이러한 서비스를 위해서는 손님을 관찰하는 것이 정말 중요하다. 우리는 매일 똑같은 서비스를 한다고 생각하지만, 그 대상인 손님이 매일 바뀌기 때문에 손님의 만족도가 같을 리 없고 또 우리가 해야 할 서비스도 조금씩 달라질 수밖에 없다. 따라서 손님에게 무조건 친절한 태도만 보일 것이 아니라 베푸는 상대를 잘 관찰하고 헤아리는 것이 필요하다.

손님의 표정을 읽는 습관을 들이자

나는 '우리가 왜 손님에게 최선을 다해야 하는지', '우리가 왜 손님을 관찰해야 하는지'를 직원들에게 가끔 질문한다. 과거나 현재나 손님의 마음을 읽어내는 가게가 성공했고, 미래에도 결코 다르지 않을 것이다. 손님이 어떤 표정을 짓고 있는지, 어떤 질문을 많이 하는지, 어떤 메뉴를 주로 주문하는지, 어느 하나도 소홀히 할 수 없다. 더구나 손님에게 관심을 갖고 관찰하다 보면 평소 고민하던 문제에 대한 답이 보일 때도 있고, 또 새롭고 기발한 아이디어가 갑자기 떠오르기도 한다. 사실 무엇보다 가장 현실적인 이유는 우리의 급여가 손님에게서 나오고, 우리 매장이 존재할 수 있는 이유도 우리를 찾아주시는 손님이 있기 때문이다.

매장에서 직접 손님을 응대하다 보면 손님의 표정 하나하나에 민감해지지 않을 수 없다. 계산을 하는 손님들의 표정과 테이블에 남아 있는 빈 접시만 보더라도 그날 우리 매장에 대한 평가와 직원 서비스에 대한 점수를 알 수 있다. 손님의 표정과 반응에 모든 게 들어 있기 때문이다. 특히 마지막 계산을 할 때 손님들의 반응은 서비스에 대한 만족도와 밀접하게 비례한다. 계산 시 손님께 맛있게 드셨냐고 물으면 형식적으로 대답하는 분이 있는가 하면 눈을 반짝거리며 너무 맛있게 먹었다고 말하는 분도 있다. 당연히 전자는 낮은 점수를 주신 분이고 후자는 높은 점수를 주신 분이다.

그리고 손님을 관찰하다가 일하는 방식이 변경되거나 새롭게 개선되는 경우도 많다. 일본에서는 꼬치를 각자 1개씩 먹는 것이 일반적이라서 굳이 별도의 꼬치 포크가 필요하지 않지만, 한국에서는 꼬치를 모두 빼서 일행이 같이 나눠 먹는 경우가 대부분이다. 이런 모습을 보고 바로 도입한 것이 꼬치용 포크다. 또 표고버섯 꼬치의 경우에는 손님들이 버섯을 반으로 나눠서 먹는 걸 보고 처음부터 반으로 잘라 꽂아 굽는 방식으로 변경했다. 이렇게 손님을 관찰해서 개선한 것들은 당연히 손님의 호응이 좋고 만족도가 높을 수밖에 없다.

처음에는 손님을 관찰하는 부분이 쉽지 않을 수 있다. 그러나 관심을 갖고 계속 지켜보면 그전엔 보이지 않았던 것들이 눈에 들어오고, 그냥 지나칠 수 있는 부분도 손님이 무엇을 원하는지 쉽게 파악하게 된다. 좀 더 생각하고 관심을 갖는 만큼 더 많이 보이고 더 앞으로 나아갈 수 있게 되는 것이다.

마이너스를 플러스 요인으로 만든다

자영업을 한다면 누구나 손님들에게 인기 있는 매장이 되고 싶을 것이다. 그렇다면 손님의 마음을 얻기 위해 번거롭고 귀찮은 일일지라도 기꺼이 하는 모습을 보이고 습관화하자. 손님은 우리의 진정성을 느끼는 순간 그 브랜드에 관심을 갖고 조금씩 신뢰하게 된다.

고우 이태원 본점은 화장실이 외부에 있는데, 거리는 멀지 않지만 위치를 찾기 쉽지 않아 매장을 이용하는 손님들이 가장 불편해하는 부분이다. 하지만 고우는 이렇게 물리적으로 어쩔 수 없는 건물의 문제를 그냥 포기하지 않고 진정성 있는 서비스로 보완했다. 직원들이 손님을 화장실 근처까지 직접 안내하는 것이었다.

이렇게 화장실 근처까지 직접 안내하면, 오히려 손님들이 직원들한테 미안해하거나 감사하다고 말한다. 외부 화장실은 분명히 마이너스 요인이지만 번거롭더라도 이렇게 직접 안내해드리면 오히려 플러스 요인으로 바뀌는 것이다. 무언가 약점을 강점으로 만들거나 차별화하려면 비효율과 번거로움을 감수해야 한다. 외식업은 이런 번거로움을 충분히 감수할 각오가 되어 있거나 진정성을 가져야 제대로 일할 수 있다.

요즘에는 매장에서 기념일 서비스와 같이 특별한 이벤트나 퍼포먼스를 하는 곳들이 많다. 하지만 아무리 화려하고 독특하더라도 손님을 대하는 진정성이 없다면 그것은 껍데기뿐인 퍼포먼스가 될 수밖에 없다. 손님들은 영혼 없는 서비스를 마지못해 지켜보며 빨리 끝내기만을 바랄 것이다. 물론 화려하면서도 진정성 있는 퍼포먼스를 계속 유지할 수 있다면 더할 나위 없지만, 그렇지 않다면 보다 근본적인 문제로 접근해야 한다. 손님의 공감도와 행복지수를 높이는 핵심은 마음에서 우러나오는 대접이라고 생각한다. 그래서 화려한 퍼포먼스나 특별한 기교의 서비스보다는 손님 한분 한분을 진정성 있게 대하는 자세가 훨씬 더 중요하다. 직원들 모두가 이런 태도로 손님을 대한다면 그 매장은 다른 어떤 매장보다 강력한 무기를 지닌 가치 있는 매장이 될 수 있다.

단골손님의 취향을 기억하자

고우의 메인 상석이라고 여겨지는 카운터석, 단골손님이 오늘도 똑같은 자리에 앉아서, 항상 주문하는 술과 안주를 드시며 꼬치를 굽는 직원을 물끄러미 바라본다. 주 5일을 거의 쉬지 않고 방문해주시는 이 손님은 고우의 어떤 부분이 좋아서 오시는 걸까? 메뉴가 맛있어서? 분위기가 좋아서? 집이 가까워서? 그 손님을 볼 때마다 궁금증이 생겼고, 언젠가 한 번은 꼭 여쭤봐야겠다는 생각이 들었다. 이후 몇 번의 자연스런 대화를 통해 고우의 대한 애정을 느낄 수 있었는데, 그렇다고 그 손님의 진심까지 정확히 파악하기는 쉽지 않았다. 하지만 분명한 것은 그 손님의 취향, 방문 시간, 주문 메뉴, 필요한 서비스 등에 대해서는 세세한 부분까지 모두 기억하고 있다는 점이다.

단골손님들에겐 그들 나름대로의 특징이 있다. 그중 주 5일을 홀로 방문하는 이 단골손님은 항상 드시는 술과 안주와 앉는 좌석이 정해져 있다. 카운터석의 맨 중앙 좌석에 앉아서, 술은 비잔

클리어, 안주는 은행꼬치와 부츠키리큐리(으깬 오이 메뉴)를 주문하고, 냅킨을 많이 사용하며, 작은 잔에 레몬 슬라이스를 한 조각 넣어 비잔클리어를 따라 조금씩 드신다. 고우의 직원들은 이 단골손님의 취향을 정확히 기억해서 손님이 요청하기 전에 미리 서비스한다. 메뉴를 손님이 원하는 대로 세팅하고, 레몬 슬라이스를 잘라 제공하고, 테이블에 냅킨을 충분히 준비해드린다.

고우는 단골손님들이 상당히 많은 편인데, 직원들은 단골손님을 반복해 관찰하며 손님이 뭘 좋아하고 싫어하는지, 무엇을 요청하는지 등을 하나하나 알아간다. 그리고 손님의 취향에 맞춰 적극적인 서비스를 제공함으로써 손님을 감동시키고 다시 방문하도록 만든다. 사실 단골손님이 주기적으로 매장을 찾다가 한동안 보이지 않으면, 마치 사귀는 연인처럼 조바심이 나기도 한다. 그래서 단골손님이 예약하시는 날에는 좋아하는 메뉴가 잘 준비되어 있는지, 담당 직원이 단골손님을 챙겨드릴 부분을 잘 알고 있는지 등을 미리 확인하고 특히 신경 쓴다. 이런 작은 노력을 눈치채고 기분 좋아하시거나 슬쩍 미소를 지어주실 때는 뿌듯함을 느낀다.

어느 외식업 매장이든 단골손님의 재방문과 충성도는 매출에 큰 영향을 미치는 부분이다. 따라서 외식업 매장의 운영자는 단골손님을 잘 관찰하고 취향을 머릿속에 잘 기억해둘 필요가 있다.

손님을 멀어지게 하는 착각은 금물이다

사람들의 유동이 많은 곳은 신규 고객이 많이 발생할 수 있어서 상대적으로 매출이 높을 수 있다. 그러나 그만큼 경쟁 매장들도 많기 때문에 꾸준히 매출을 유지하는 것이 결코 쉽지 않다. 따라서 신규 고객의 확보도 중요하지만 우리 매장에 한 번이라도 방문해주신 손님을 어떻게든 단골로 만들어야 한다. 하지만 어렵사리 단골손님을 확보하고 매장 운영도 안정되었더라도, 일순간 잘못 판단해 실수를 하면 예상치 못한 최악의 결과로 이어질 수 있다.

고우가 월 1억 원 매출을 넘기고 손님들의 인기를 얻었다고 느꼈을 때, '고우니까 당연한 거지'라며 내심 우쭐한 기분으로 어깨에 힘이 들어간 적이 있다. 하지만 이것은 나의 착각이었고 너무 오만한 자세였다는 것을 그리 길지 않은 시간에 알 수 있었다. 계속 오실 것 같은 단골들이 더 이상 안 보이고 경쟁력 있는 다른 매장들이 주변에 생기면서 그야말로 정신이 번쩍 들었다. 사실 나만 해도 즐겨 찾는 매장이 결코 한곳만은 아니고 애정을 가졌던 매장도 어느 순간 찾지 않게 되기도 한다. 결국 손님들은 그때그때의 유행과 끌리는 메뉴로 찾아갈 매장을 정하기 마련이며, 고우도 손님들한테는 수많은 매장들 중 하나에 불과하다.

따라서 외식업 매장을 운영할 때는 다음과 같은 착각에 빠지지 않도록 주의할 필요가 있다.

첫째, 메뉴의 맛만 좋으면 손님은 알아서 올 것이다.

둘째, 오늘 온 손님은 다음에 또 방문할 것이다.

셋째, 우리의 정성과 노력을 당연히 인정해줄 것이다.

넷째, 우리의 실수를 한 번쯤은 이해해줄 것이다.

다섯째, 지금의 가치와 서비스를 유지하면 계속 만족할 것이다.

여섯째, 위기는 미리 알 수 있고 대처할 수 있을 것이다.

그렇다면 도대체 어떻게 해야 쉽게 잊혀지지 않는 매력적인 매장이 될 수 있을까? 결론적으로 우리 스스로는 기본에 더욱더 충실하고, 손님께는 우리의 진정성을 보여주는 것이다. 맛이면 맛! 서비스면 서비스! 고우는 오픈 때부터 하루도 거르지 않고 기본적으로 해오던 일들을 지금 이 순간에도 어느 하나 소홀히 하지 않고 꾸준히 실천하려 노력하고 있다. 고우가 항상 손님을 관찰하고 손님에게서 해답을 찾았던 것이야말로 우리의 기본을 지키고 오늘의 매출을 있게 한 원동력이라 할 것이다.

메뉴 구성이 성공의 열쇠다

고우에 가면 하프 메뉴가 있다

많은 사람들이 고우에 유난히 손님이 많은 비결에 대해 궁금해 한다. 직원들 면접 시에도 지원 동기를 먼저 묻는데, 고우는 항상 손님이 많은데 어떤 시스템으로 돌아가는지 비결을 알고 싶어 지원했다는 말을 가장 많이 듣는다.

개인적으로 생각하는 고우의 인기 비결 중의 하나는 바로 메뉴의 경쟁력이다. 특히 하프 메뉴의 구성은 고우를 방문하는 손님들이 가장 매력적으로 느끼는 부분이다. 물론 우리도 처음부터 하프 메뉴가 있었던 것은 아니고, 오픈 초기에는 일반 이자카야들처럼 단품 메뉴 위주였다. 하지만 매장을 운영하다 보니, 고우의 다양한 메뉴를 맛보고 싶지만 여러 이유로 선택을 못 하는 손님들의 니즈를 알게 되었고, 다른 무엇보다 우리의 경쟁력 있는 많은 메뉴들을 충분히 알리지 못하는 부분이 너무나도 아쉬웠다. 그래서 일본 스타일처럼 적은 양으로 제공하는 대신 가격을 낮춘 하프 메뉴를 생각하게 되었다.

물론 하프 메뉴는 여러 가지로 번거롭고 비효율과 저수익으로 이어지는 메뉴 구성일 수도 있다. 매장의 입장만 생각한다면 하프 메뉴를 넣어서는 안 된다. 손님들은 일품 메뉴 하나 주문할 것을 하프 메뉴 1개에 그치거나 다른 종류의 하프 메뉴 2개를 주문할 수 있다. 매출은 큰 차이가 없지만 메뉴 준비 작업량과 시간은 많이 걸리고, 주문과 설거지 등 직원들의 수고도 훨씬 커질 수밖에 없다. 그러나 손님이 원하는 것을 알게 된 이상, 비효율과 저수익으로 이어질지 모른다는 이유만으로 손님의 니즈와 만족도를 무시하고 그냥 넘어갈 수는 없었다.

아직까지도 대부분의 이자카야들은 단품 위주로 메뉴를 구성한다. 어떻게 생각하면 일품 위주의 메뉴는 손님의 입장보다는 매장 입장만을 반영한 메뉴 구성이라 할 수 있다.

일본을 자주 가본 사람이라면 잘 알 것이다. 일본의 이자카야는 양은 적지만 메뉴를 다양화하고 가격도 낮춘다. 수익과 효율도 중요하지만 철저히 고객의 니즈에 맞춰 매장이 움직이기 때문이다.

사실 손님들이 고우를 사랑해주시는 데는 하프 메뉴의 공이 크다. 하프 메뉴로 인해 식사 이후에도 부담 없이 방문할 수 있고 여러 가지 메뉴를 적은 비용으로 다양하게 맛볼 수 있기 때문이다. 고우는 이전에도 여성 손님의 방문이 많은 편이었지만 하프 메뉴를 추가하고 나서는 여성 손님층이 훨씬 더 두터워졌다. 이렇게 메뉴를 잘 구성하는 것만으로도 매출이 증가하고 매장은 더욱 차별화될 수 있다.

시그니처 메뉴 불패의 법칙

매장을 대표하는 시그니처 메뉴가 존재하는가? 인기 있는 매장들의 공통점 중 하나는 역시나 매장을 상징하는 인기 시그니처 메뉴들이 있다는 것이다. 시그니처 메뉴가 중요한 이유는 그 메뉴를 통해 손님에게 매장을 더욱 각인시키고 자연스럽게 브랜드를 홍보하기 때문이다. 특히 시그니처 메뉴는 가격에 대한 주도권을 매장이 가지고 있어서 수익률이 향상되고 매장의 전체 매출을 견인하는 효과도 크다.

고우도 이름만으로 떠올릴 수 있는 시그니처 메뉴들을 가지고 있다. 호르몬 야키, 테바사키 교자, 규니코미, 모모니꾸 이찌야보시 등이 많은 사랑을 받고 있는 고우의 스테디셀러이자 시그니처 메뉴들이다.

고우의 대표 메뉴인 '호르몬'은 국내산 소대창 꼬치구이다. 일반적으로 소대창은 고깃집처럼 불판에 올려놓고 구워 먹는데, 고우의 호르몬은 야키토리 브랜드의 특성에 맞춰 꼬치에 끼워 야키다이의 숯불에 하나씩 구워서 제공된다. 기름진 부위지만 살짝 매콤한 양념이 되어 있어서 그런지 고우에 오시는 손님들의 많은 사랑을 독차지하고 있다. Olive 예능 프로그램 〈밥블레스유 2〉에서 골프 선수 박세리의 입맛도 사로잡은 음식으로 소개되었다.

무엇보다 고깃집에서 먹는 방식이 아닌 꼬치에 끼운 방식은 우리나라 최초가 아닐까 싶다. 만약 고우의 호르몬을 다른 고깃집과 똑같은 방식으로 제공했다면 시그니처 메뉴가 아닌 쉽게 잊혀질 수 있는 평범한 메뉴가 되었을지도 모른다. 시그니처 메뉴는 독특하고 비싼 재료로 만들 수도 있지만, 같은 재료라도 이렇게 차별화된 방식으로 접근할 수 있다.

물론 고우는 호르몬 재료의 신선함과 조리 과정에도 특별히 신경 쓴다. 매일 아침마다 배송되는 깨끗하고 신선한 국내산 소대창을 매장에서 다시 한 번 씻은 후 혹여나 붙어 있을 수 있는 잔여물을 제거한다. 그런 다음 일정한 크기로 자른 후 살짝 삶는다. 대창을 삶을 때는 전체가 골고루 익도록 계속 뒤적거려줘야 하는데, 조금이라도 삶는 시간이 길어지면 대창이 질겨지기에 잠시도 자리를 뜰 수 없는 매우 중요한 과정이다. 그날그날의 대창 상태가 조금씩 다를 수 있는데, 당연히 그것에 맞춰 삶는 시간도 달라진다. 이렇게 삶은 대창은 큰 스텐볼에 담아 고우만의 레시피로 양념을 하고 잘 버무린 다음 일정 크기로 자르고 꽂는 방법에 맞춰 시코미 작업을 한다. 매일 아침 9시에 시작해 오후 4시경 마무리될 정도로 엄청난 과정을 거치지만, 이러한 노력으로 인해 호르몬은 고우의 시그니처 메뉴 중에서 가장 많은 사랑을 받고 있다. 여담이지만, 호르몬 꼬치는 다른 꼬치보다 구울 때 연기가 더 많이 난다. 호르몬 꼬치의 주문이 유난히 많은 날에는 쉴 새 없이 환기를 하는데

옥상에서 뿜어내는 연기를 보고 한번은 지나가던 행인이 화재인 줄 알고 소방서에 신고해 소방차 5대가 왔던 해프닝도 있었다.

요즘은 이자카야도 단순히 술을 마시는 곳이 아니라 맛있는 음식을 맛보는 곳이 되었고, 유명한 맛집과 셰프로 차별화되는 외식업 매장이 되었다. 음식점은 음식의 맛으로 승부하듯이 메뉴의 중요성을 결코 무시할 수 없다. 이제 어디에나 있는 똑같은 메뉴로는 고객의 관심을 끌 수 없다. 고객이 우리의 특정한 메뉴를 생각하고, 그 메뉴가 생각날 때 우리 매장에 오도록 만들어야 한다. 따라서 결코 실패하지 않는 매장이 되기 위해서라도, 우리 매장만의 시그니처 메뉴는 반드시 필요하다.

그 자체로 시그니처가 된다

고우의 또 다른 시그니처 메뉴인 테바사키 교자(닭날개 만두, 테바교자)는 그 자체로 아주 독창적인 메뉴다. 이 메뉴는 재료의 신선함과 조리 과정에 특별히 신경 써야 하는데, 먼저 닭날개 속의 뼈를 잘 발골해서 제거하고 꼼꼼하게 손질한다. 손질한 닭날개에 미리 준비한 교자 소를 꽉 채운 후, 속이 터지지 않고 모양이 잘 잡히도록 만든다. 이렇게 만들어진 테바사키 교자를 비장탄에 올려 굽거나 기름에 튀겨내면 조리 방법에 따라, 테바사키야키, 테바사키아게 등 다양한 메뉴로 탄생한다. 이 테바교자의 가장 큰 특징은 겉모습은 닭날개이면서 속은 만두소로 채워져 있어, 그 모습이 아주 독특하고 닭과 만두의 맛을 동시에 느낄 수 있다는 점이다. 특히 닭고기 속에 돼지고기와 야채가 함께 들어감으로써, 겉은 바삭하고 속은 육즙으로 촉촉하게 살아 있고, 시원한 맥주나 하이볼과 함께하면 정말 최고의 술안주가 된다. 이 테바사키 교자를 가장 잘 설명하는 말은 바로 독창성과 정성이라고 할 수 있다. 이러한 독창성으로 인해 JTBC 〈백종원의 국민음식〉, KBS2 〈신상출시 편스토랑〉 등 여러 방송사와 음식 프로그램에 이 메뉴가 소개된 바 있다.

이렇게 우리만의 독창적인 메뉴이거나 남들이 쉽게 따라 하기 힘든 차별화된 메뉴는 아주 특별한 가치를 지니고 그 자체만으로 시그니처 메뉴가 될 수 있다.

고우의 또 다른 시그니처 메뉴인 규니코미(우설조림)와 모모니꾸 이찌야보시(훈제 닭다리살)도 마찬가지다. 먼저 규니코미는 국내산 우설의 뿌리 부분을 손질해 큼직하게 썬 다음 무, 당근, 곤약, 우엉과 함께 넣고 고우의 특제 된장 소스로 잘 버무려 압력밥솥에 찐다. 맛을 보면 입에서 살살 녹을 정도로 세상에 이렇게 부드러울 수가 없으며, 영양 만점에 국물도 진하게 우러나 술안주로 강추인 메뉴다. 간단해 보이지만 정말 손이 많이 가고 고우만의 독창적인 비법이 고스란히 녹아 있는 메뉴라고 할 수 있다.

훈제 메뉴인 모모니꾸 이찌야보시도 야키토리집에서 가장 많이 사용하는 부위인 닭다리살을 고우만의 독창성과 특별한 조리법으로 재탄생시킨 것이다. 손질한 닭다리살을 고우 특제 소스에 담가 냉장 보관한다. 3시간 정도 지난 후 꺼내서 야키다이 위쪽에

걸어 일정 시간 동안 건조시킨다. 건조가 끝나면 잘 래핑해 냉장고에 보관해두고 주문이 들어오면 야키다이 위에서 비장탄의 열과 향, 그리고 다른 꼬치들을 구울 때 나는 연기로 약 20~25분간 훈제한다. 재료 준비 작업에 손이 많이 가고 조리해서 손님께 내기까지 시간이 많이 걸리는 메뉴라서 매일 한정된 수량만을 판매하고 있다.

이처럼 고우의 메뉴들은 지극한 정성과 특유의 조리법을 통해 다른 이자카야의 유사 메뉴와 차별화하였으며, 이런 독창성으로 인해 시그니처 메뉴로 재탄생하게 되었다.

메뉴 수보다 메뉴 구성이 중요하다

시그니처 메뉴의 중요성을 잘 인지하고 있더라도 막상 우리 매장의 시그니처 메뉴를 어떻게 만들어야 할지에 대해서는 고민이 많다. 특히 매장 운영자가 오너 셰프와 같은 요리 전문가가 아니라면 이런 부분은 더욱 어렵게 느껴질 수밖에 없다.

처음부터 새로운 메뉴를 만들어낼 자신이 없다면 다른 매장에서 판매하고 있는 메뉴를 벤치마킹하는 것도 방법이다. 그 매장에서는 어떤 메뉴를 시그니처로 판매하고 있는지 또 어떤 메뉴들이 인기가 있는지, 그리고 인기가 있는 이유는 무엇인지 등을 잘 파악하고 공부할 필요가 있다. 매장의 주요 고객층이 좋아하고 자신이 잘할 수 있는 메뉴가 무엇인지를 신중하게 고민해야 한다. 다만 절대 똑같이 따라 하지 말고 차별화하거나 업그레이드해야 한다. 필요하면 요리책뿐만 아니라 인터넷상의 레시피나 유튜브 채널을 적극 참고하는 것도 좋은 방법이다.

메뉴를 구성할 때 몇 가지 주의할 점이 있다.

첫째, 남의 메뉴를 똑같이 따라 하지 않는다.

둘째, 메뉴 수를 많이 늘리지 않는다.

셋째, 특선이나 오늘의 메뉴를 남발하지 않는다.

넷째, 가성비에 너무 집착하지 않는다.

다섯째, 원가와 로스는 반드시 따져본다.

시그니처 메뉴에 자신이 없다면, 그에 버금가는 메뉴 조합을 새로 만들어내는 것도 방법이다. 예를 들면 인기 있는 메뉴들을 소량씩 세트로 묶어 하나의 새로운 메뉴를 만들거나, 또 하나의 방법은 기존의 인기 메뉴에 다른 간단한 메뉴를 추가해 세트 메뉴로 만드는 것이다.

고우에도 모둠 메뉴가 있는데, 특히 고우의 야키토리 모둠은 최고의 인기 메뉴 중에 하나다. 야키토리는 기본적으로 타 업종에 비해 인력이 많이 필요하기에 대부분의 야키토리 매장들이 꼬치의 주문 수량을 최소 3개에서 5개로 정해놓는 경우가 많다. 그러나 고우는 손님의 만족도를 높이고 일본 스타일 그대로 최소 1개부터 주문이 가능하다.

또한 손님이 객단가 높은 세트 메뉴를 주문할 때는 원가가 높지 않은 인기 메뉴를 추가로 100원에 드실 수 있게 '100원 마케팅'도 진행하고 있는데, 이것도 일종의 새로운 메뉴 구성이라 할 수 있으며 고우의 매출에 큰 기여를 하고 있다.

야키토리의 다양한 메뉴들

10년 전보다 야키토리 매장이 많이 늘었음에도 아직 야키토리는 한국에서 친숙하지 않은 메뉴인 듯하다. 고우에 방문한 손님들이 무엇을 주문할지 망설이다 모둠 5종이나 모둠 8종을 주문하는 경우가 종종 있기 때문이다. 이렇게 되면 손님이 메뉴를 선택하는

게 아니라 매장에서 알아서 내주기 때문에 개인적으로 선호하지 않거나 못 먹는 메뉴도 있을 수 있다.

다음은 손님들에게 인기 있는 야키토리 부위를 중심으로 간단히 설명한 내용이다. 야키토리의 명칭과 부위별 특징을 잘 알게 되면, 손님은 야키토리를 더욱 맛있게 즐길 수 있게 되고, 매장도 손님의 입맛을 사로잡는 새로운 인기 메뉴를 생각해볼 수 있을 것이다.

- 하츠: 닭의 염통(심장) 부위로 가장 쫄깃쫄깃한 식감이 일품이다. 냉동 염통은 고무처럼 질겨서 사용하지 않는 것이 좋다.
- 하츠모토: 염통 위의 대동맥 부위로 쫄깃한 식감이 하츠의 형뻘이다. 하츠를 최소 10개 이상 만들 때 하츠모토는 한 꼬치

정도 나오는 희소 부위다.

- 본지리: 닭의 꽁지 부위로서 적당히 부드럽고 적당히 기름져 맛이 아주 좋다.
- 테바사키: 닭날개 부위다. 테바사키는 뼈를 떼어내고 뼈에 붙어 있는 살을 발라 먹은 후 나머지 살을 껍질과 함께 먹으면 그 맛이 배가된다.
- 츠쿠네: 닭고기와 연골을 곱게 갈아 양념에 버무리고 미트볼처럼 만들어 숯불에 구운 후 반숙 달걀을 찍어 먹는다. 야키토리의 대표 메뉴 중 하나이다.
- 스나기모: 일명 닭똥집으로 꼬들꼬들한 식감이 일품이다. 여성 손님보다는 남성 손님이 선호한다.
- 카와: 닭껍질 중 다리에 붙어 있는 부위를 쓴다. 닭가슴살에 붙어 있는 껍질을 쓸 때도 있다. 겉은 바삭하고 속은 살짝 부드러움이 남아 있는 상태가 제일 좋다.
- 모모니꾸: 닭다리살에 닭껍질을 한 겹 씌워 구운 메뉴다. 고우는 소금 간이 기본이지만 모모니꾸는 소금 또는 타레 중에 하나를 선택할 수 있다.
- 네기마: 야키토리의 대표 메뉴 중 하나이다. 닭고기, 파, 닭고기, 파로 이루어진 메뉴다. 닭과 파는 최고의 궁합이다.
- 세세리: 닭의 목살 부위로, 닭이 가장 많이 움직이는 부위가 목이라서 가장 부드러운 부위라고도 한다. 손님 중에도 세세리 마니아들이 꽤 많다.

야키토리집에서는 야키토리만 팔지 않는다

야키토리는 닭고기를 기본으로 하는 음식이다. 사실 고우를 운영하기 전에는 이자카야에서 판매하는 꼬치 음식은 닭만 있는 줄 알았다. 하지만 야키토리에는 닭고기를 기본으로 하는 야키토리 말고도 돼지고기가 중심인 '모츠야키', 굽는 게 아니라 튀기는 요리 방식인 '쿠시아게'도 있다. 모두 야키토리에서 파생된 것인데, 아무래도 가장 역사가 깊은 건 야키토리일 것이다.

모츠야키는 우리나라에서 꽤 낯선 이름의 메뉴다. 일본에서도 모츠야키 매장보다는 야키토리 매장이 훨씬 더 많다. 쿠시아게는 꽂아놓은 꼬치에 밀가루 반죽과 빵가루를 묻혀 튀긴다. 어찌 보면 튀기기만 하는 것이라 간단해 보일 수 있지만, 얼마나 세심한 과정을 거치느냐에 따라 완성도는 많이 달라진다.

일본에서는 쿠시아게 매장과 야키토리 매장이 엄격히 구분되는데, 각 테이블마다 중앙에 튀김기를 설치해놓고 매장 한편에서 먹고 싶은 만큼 가져온 꼬치구이를 각자 튀겨 먹는 곳도 많다. '타베호우다이(뷔페)'로 운영하기에 어느 정도의 금액을 내고 먹고 싶은 만큼 가져다 먹는다. 그러나 기름에 튀겨서인지 많이 먹지는 못한다. 이러한 이유로 야키토리 아이템에 비해 상대적으로 밀리지 않나 싶다. 다음은 닭고기가 아닌 돼지꼬치와 야채를 삼겹슬라이스로 말아 굽는 부위들이다.

- 부타바라: 삼겹살 꼬치다. 고깃집에서 먹는 꼬치구이와는 또

다른 맛을 느낄 수 있다.

- 카시라: 돼지고기 볼 부위다. 쫀쫀한 탄력의 독특한 식감을 맛볼 수 있다.
- 돈토로: 항정살 부위다. 삼겹살과는 또 다른 식감의 부위라고 할 수 있다.
- 에노키마끼: 팽이버섯 말이. 팽이버섯을 삼겹살 슬라이스로 말아 숯불에 구우면 채즙 가득한 환상의 맛이다. 에노키 맛을 본 손님은 재방문 시 꼭 다시 주문을 한다.
- 닌니꾸노메마끼: 마늘종을 삼겹살 슬라이스로 말아 마늘종의 알싸한 맛과 삼겹살의 고소한 맛이 일품이다. 평소에 마늘종을 좋아하지 않더라도 도전해보자. 색다른 맛을 느낄 것이다.

서비스를 낼 때도 타이밍!

인생도, 서비스도 타이밍

인생을 살다 보면 세 번의 기회가 온다는 말이 있다. 하지만 이런 기회도 제대로 잡지 못하면 그냥 지나가고 만다. 그래서 뭐든지 타이밍이 중요하다. 나에게는 고우가 인생의 기회였고, 그 타이밍을 놓치지 않았다.

외식업 매장에서도 타이밍이 중요하다. 인생에 찾아온다는 그런 기회는 아니더라도, 그 기회를 제대로 잡지 못하면 소중한 손님을 놓치게 된다. 일반적으로 서비스를 생각할 때 '어떻게'에 대해서는 많이 고민하지만 '언제'에 대해서는 깊이 생각하지 않는 것 같다. 그러다 보니 온갖 기발한 아이디어와 화려한 볼거리를 한가득 제공하고도, 정작 평범한 서비스에서 타이밍을 놓쳐 고객이 떠나는 경우가 많다.

고우도 이런 실수가 있었다. 하루는 오랜만에 매장을 방문하신 단골손님께 반가운 마음으로 서비스 메뉴를 내드리겠다고 했는데, 바로 챙겨드리지 못하고 시간이 지나서야 가져다드렸다. 단골손님은 이미 배가 부르다며 그냥 일어서는 것이었다. 타이밍을 놓쳐 너무 늦게 제공한 것이다. '아뿔싸' 하는 마음에 정중하게 사과하고 드신 메뉴 하나를 계산에서 빼어드렸지만 온종일 마음이 편치 않았다.

이렇게 서비스의 내용도 중요하지만 타이밍도 그에 못지않게 중요하므로 절대 타이밍을 놓치지 말아야 한다. 그렇다면 서비스 타이밍은 어떻게 알 수 있는 것일까? 서비스란 상대의 입장에서 생각하는 것인데, 결국 세심한 관찰과 배려가 기본이 되어야 한다. 특히 적절한 서비스 타이밍은 아무리 매뉴얼과 시스템이 잘되어 있더라도, 직원의 경험과 훈련이 함께 따르지 않으면 제대로 실행하기 어렵다.

타이밍의 놀라운 비밀

타이밍이란 참 신비한 힘을 가지고 있다. 그래서 우리는 그 놀라운 힘의 비밀을 잘 이해하고 활용할 수 있어야 하는데, 막상 서비스에 적용하려면 쉽지 않은 것도 사실이다. 그래서 나는 다음과 같이 몇 가지 원칙을 정해 실천하고 있다.

손님이 불편을 느끼는 부분은 미리 확인하고 개선한다

화장실 청소, 신발 정리, 계산 등과 같이 불편이 쉽게 발생할 수 있는 부분들이 있다. 이런 부분은 문제가 발생하는 순간 바로 손님이 불편을 느끼므로 이미 타이밍을 놓치게 된다. 따라서 이런 부분에 대해서는 불편이 발생할 여지를 주지 않도록 미리 조치하는 것이 최상의 대응이자 가장 적절한 서비스 타이밍이다.

주변 상황을 함께 살피고 적절하게 행동한다

빈 그릇이나 빈 술병 치우기, 주문 확인하기 등은 적극적으로 해야 하는 서비스다. 이런 서비스는 손님을 관찰하면 필요한 타이밍을 바로 알 수 있지만, 상황에 따라 손님에게 불편을 줄 수도 있다. 따라서 서비스가 필요한 타이밍이라도 손님의 대화를 방해하지는 않는지, 대화 분위기가 괜찮은지 등 손님의 상황도 함께 살피고 적절한 태도로 행동해야 한다. 빈 병을 치우지 말아 달라고 하시는 테이블 위엔 매장에서 정해놓은 작은 인형 등을 빈병에 꽂아 놓는다. 이는 치우지 말라는 우리끼리의 표시다.

타이밍을 놓쳐도 다시 최선의 타이밍을 찾는다

타이밍을 놓치면 이러지도 저러지도 못하면서 속수무책인 경우가 많다. 이렇게 그냥 놔두면 이후의 상황 대처가 더 어려워질 수 있다. 타이밍을 한번 놓쳤다 해도 희망은 있으니, 이후 상황을 잘 보고 다시 거기에 맞게 대처를 해야 한다. 즉, 타이밍을 놓치면 다시 새로운 상황에 처하게 되고 새롭게 대응할 타이밍이 찾아오는데 이때는 결코 놓치지 말아야 한다.

상황을 탓하거나 당연하게 생각하지 않는다

우리는 타이밍이나 기회를 놓치면, '인연이 아닌가 봐', '내 매장이 아닌 거지', '타이밍이 안 좋았어' 등의 말로 스스로 위안을 삼으며 그냥 넘기는 경우가 많다. 하지만 그것은 노력을 충분히 하지 않은 사람의 핑계에 불과하다. 진정으로 고민하고 노력했다면, 단순히 타이밍을 탓하기보다는 좀 더 근본적인 이유나 자신의 문제점을 알 수 있다. 그냥 타이밍 탓으로 넘겨버리기에는 우리에게 시간이 많지 않고 모든 순간이 너무나도 소중하다. 적절한 타이밍과 기회는 그냥 찾아오는 것이 아니기에 자신이 직접 잡아야 한다.

마음이 담겨 있어야 한다

요즘은 많은 외식업 매장에서 무인 시스템을 앞다투어 도입하고 있으며, 사람을 상대하는 로봇도 심심찮게 볼 수 있다. 이제는 사람의 온기나 마음보다는 비용과 효율이 훨씬 더 중요한 시대인 모양이다. 하지만 개인적으로 이런 변화의 큰 물결이 그다지 반갑지만은 않다. 내 앞에 다가온 로봇을 기계음과 함께 상대하고 있노라면, '도대체 이 매장이 나에게 원하는 것은 무엇일까? 단지 돈만 바라는 건가'라는 생각과 함께 씁쓸함마저 느껴진다.

사람을 상대하는 서비스에는 사람을 생각하는 마음이 담겨 있어야 한다. 물론 시대가 많이 변하고 서비스를 제공하는 주체도 아주 다양해졌지만, 사람에 대한 관심과 배려가 담겨 있지 않다면 그것은 제대로 된 서비스라고 할 수 없고, 그 서비스의 주체가 로봇이라 할지라도 본질은 달라지지 않는다.

고우는 오픈 초기에 서비스 메뉴 제공에 참 인색했다. 왠지 저렴한 이미지로 비쳐지는 것 같았고 서비스를 남발하지 않는 것이 고우의 자존심이라는 생각도 했다. 그러나 오랫동안 매장을 운영하다 보니 외식업이라는 것이 단지 정해진 메뉴와 서비스를 기계적으로 제공하고 그 대가를 받아 돈을 많이 벌면 되는 사업이 아니라는 것을 알게 되었다. 외식업은 사람이 먹는 것을 다루는 만큼 사람과 사람 간의 관계가 바탕이 되는 사업이다. 단순히 비용과 효율만을 따진다고 당연히 성공하는 것도 아니고, 장사의 기본 목적인 이익을 많이 낸다고 오래갈 수 있는 것도 아니다. 결국 나와 직원 그리고 고객이 모두 행복해야 계속 지속할 수 있는 사업이다.

고우는 고객의 재방문율이 아주 높은 편이다. 오늘 처음 오신 손님이 다음 날 다른 분을 모시고 오고, 그다음 주에는 그 손님이 또 다른 분을 모시고 온다. 이러니 서비스에 마음을 담지 않을 수 없고, 항상 긴장하지 않을 수 없다. 간단하게만 보이는 서비스 메뉴 제공도, 어떤 것을 내드려야 할지, 어떤 타이밍에 제공해야 할지, 어떤 감사의 말과 표정으로 드려야 할지 등 생각이 깊어진다. 서비스 메뉴를 제공하면 손님이 무조건 좋아하겠지라는 생각은 아주 위험하고, 바쁜 나머지 타이밍을 놓치는 실수도 주의해야 한다. 손님의 취향을 모르겠다면 메뉴판을 펴서 직접 고르게 하고, 간단한 서비스 메뉴라도 돈을 받는 메뉴 이상으로 정성을 다하자. 사람의 진정 어린 마음이 담겨 있는 서비스는 스스로 빛을 발하고 고객의 마음까지 얻을 수 있다.

서비스의 매력에 빠지게 하자

외식업 매장에서 가장 많이 언급되는 단어 중의 하나가 바로 가성비다. 언제부터인가 가성비란 표현이 유행하면서 고객들은 지불한 가격 대비 음식의 맛과 효용을 크게 따지게 되었다.

고우는 가심비(가격 대비 마음의 만족도)를 더 추구한다. 가격을 정할 때 또는 인상할 때, 주변 이자카야의 가격은 결코 중요하지 않다. 고우는 우리의 메뉴와 서비스가 어느 정도의 가치를 지니고 있는지, 또 우리가 그 가치를 위해 얼마나 많은 노력을 하는지에 초점을 맞춰 가격을 정한다. 이것은 다른 이자카야에 있는 일반적인 메뉴가 아닌 고우만의 독창적인 메뉴를 판매하거나 좀 더 차별화된 가치를 제공하기에 가능한 일이기도 하다.

서비스도 마찬가지다. 매장이 제공하는 서비스가 유일함과 희소성을 가지게 된다면, 단순히 가격을 비교하는 것만으로는 그 가치를 판단하기 어렵다. 다른 매장에서 느낄 수 없는 독창적이고 진정 어린 서비스는 손님들이 가성비를 따지는 것이 아니라 가심비로 받아들이게 되고, 더 나아가 소위 성가비(성능과 가격의 비율, 성능은 높은 수준인데 지불 금액은 많지 않다는 의미에서 최상의 만족도 수준을 나타내기도 한다)까지도 생각하게 만든다.

이제는 자신만의 차별화된 서비스를 통해 매장을 방문하는 손님이 그 매력에 푹 빠지도록 해야 한다. 무료 메뉴 제공과 눈을 현란하게 만드는 것만이 차별화된 서비스는 아니다. 한마디 말이라도 진심으로 건네고 필요한 게 없는지 따뜻하게 챙기는 것이야말로 우리 매장을 최고로 만드는 진정한 배려의 서비스가 될 수 있다. 어쩌면 이제는 단순히 가성비, 가심비를 넘어서, 남들이 결코 따라 할 수 없는 유일한 매력의 서비스로 고객들의 성가비를 더욱 높여야 할 시대가 아닌가 한다.

여성 손님을 잡아라

왜 여성 손님에게 주목해야 하는가?

"술집은 여성 손님보다 남성 손님을 잡아야 하는 것 아닌가요?"

절반은 맞고 절반은 틀린 말이다. 술집이 여전히 남성 중심의 문화를 소비하는 장소이고 주된 매출을 차지하는 고객이 남성이라는 점은 맞지만, 여성 손님의 마케팅 파워와 영향력을 충분히 감안하지 못한 말이기 때문이다.

현대 경영의 창시자로 불리는 톰 피터스(Tom Peters)는 "기업은 이제 '고객은 왕이다'가 아니라 '고객은 여왕'이라고 해야 한다"고 말했다. 여성이 소비와 경제활동의 주체가 된 지는 이미 오래이며, 여성고객감성만족지수(Female Emotions & Marketing Index)라는 용어도 쉽게 접할 수 있다.

이자카야와 같은 외식 시장에서도 여성 고객을 잡지 못하면 결코 성공할 수 없다. 사실 매장을 직접 운영해본 경험으로는 특히 여성들의 입소문 파워와 트렌드를 선도하는 힘이 마케팅 측면에서 아주 강력하게 작용하는 것을 항상 느낀다. 여성 손님들이 많이 방문하고 핫플레이스로 소문이 나면 성공하지 않을 수 없다. 따라서 여성 손님을 많이 유치하고 긍정적인 입소문이 나도록 하는 것은 외식업 매장에게 아주 중요하다. 특히 외식 시장에서 여성 고객을 주목해야 하는 이유는 여러 가지 있다. 첫째, 여성의 입소문(Word of Mouth) 파워, 둘째, 남성 고객도 끌어들이는 동반 소비 효과, 셋째, 마니아 고객의 높은 충성도, 넷째, 최신 트렌드의 선도자, 다섯째, 남성보다 안정된 소비 성향을 꼽을 수 있다. 외식업 경영자는 이러한 변화를 잘 감지해 매장을 방문한 여성 고객을 사로잡을 방법을 적극 강구해야 한다.

여성 손님이 많은 매장? 남성 손님이 많은 매장?

당신은 오랜만에 만난 친구들과 술 한잔하기 위해 이자카야를 찾고 있다. 분위기는 비슷한데 여성 손님이 많은 매장과 남성 손님이 많은 매장이 나란히 있다면, 어떤 곳을 선택하겠는가?

당신이 남성이면 당연히 여성 손님이 많은 곳으로 들어갈 확률이 높고, 아이러니하게 당신이 여성이라도 여성 손님이 많은 매장을 방문할 확률이 높다. 여성 손님이 가지는 긍정적인 효과는 매장을 찾는 고객의 심리와 밀접한 관련이 있다. 남성은 여성이 많은 매장을 핫한 매장으로 인식해 더 끌리게 되고, 여성도 여성이 많은 매장을 분위기가 좋거나 더 편한 장소로 생각한다.

실제로도 여성 손님이 많은 곳은 일단 매장 분위기가 좋고 인기 매장인 경우가 많으며, 남성 손님은 그런 분위기만 보고 그냥 들어가는 경향이 매우 강하다. 그리고 재미있는 점은 우연이라 할 수도 있지만, 남성 손님들끼리 들어올 때는 주로 여성 손님들이 앉은 옆자리를 선택할 확률이 높다는 것이다. 분위기가 더 화기애애하고 가끔씩 합석도 하는 걸 보면 결코 우연만은 아닌 듯하다. 남녀 커플도 여성 손님이 많은 매장을 선호한다. 남녀가 함께 들어오는 경우에는 분위기가 좋거나 조용한 매장을 찾는 경향이 강한데, 여성 손님이 많으면 그런 분위기로 인식하고 선호하는 것이다.

여성의 감성과 트렌드를 이해하자

여성 손님들이 많으면 객단가가 낮고 결과적으로 매출 측면에서 부정적이라는 분도 있다. 하지만 여성 손님은 불황기에도 상대적으로 안정된 소비 성향을 보이고 회전률도 빠른 편이라 매출에 기여하는 효과가 결코 적지 않다. 그렇기 때문에 여성 손님을 어떻게 많이 유치할 것인가가 중요하다.

인기 있는 매장을 벤치마킹하기 위해 방문해보면, 매장에 여성 손님들이 많고 여성이 좋아할 만한 메뉴와 서비스로 차별화되어 있다는 공통적인 특징을 발견할 수 있다. 과거에는 남성 중심의 거칠고 투박한 감성이 외식 트렌드를 지배했다면 이제는 부드럽고

「鶏、炭、想」を大事に今日も一串入魂!

섬세한 여성적 감성이 외식 트렌드를 이끌어가고 있다. 이러한 변화는 이자카야와 같은 주류 문화에도 동일하게 적용된다. 술집의 메뉴와 분위기를 결정하는 것이 직장 회식 중심의 남성 문화에서 지인과 소모임 중심의 여성 문화로 바뀌고 있다는 것을 고우와 같은 작은 이자카야도 현장에서 직접 실감하고 있다.

외식업 매장은 여성의 섬세한 감성과 최신 트렌드를 이해하고 현장에 적용할 방법을 찾아야 한다. 고우는 여성 고객이야말로 지속 가능한 점포를 만들기 위한 '동반자'이자 '컨설턴트'라 생각하고, 고객이 원하는 것이 있거나 어떤 문제를 지적받으면 적극적으로 받아들이고 반영한다. 특히 여성 손님이 고우를 계속 지지하고 로열티를 가질 수 있도록, 메뉴와 서비스를 개발할 때 다음과 같은 전제를 항상 먼저 고민한다.

- 여성의 감성이 충족되어야 한다.
- 여성이 좋아하는 트렌드에 맞아야 한다.
- 여성이 원하는 가성비와 서비스여야 한다.
- 여성을 위한 재미와 이벤트가 있어야 한다.
- 여성의 눈높이에 맞춘 위생과 친절함이 있어야 한다.

물론 여기서 여성 손님의 감성과 트렌드를 잘 이해하자는 말은 남성 손님을 결코 소홀히 하라는 의미가 아니다. 여성 못지않게 남성의 감성과 트렌드도 놓쳐서는 안 된다. 세상 모든 것이 그렇듯 여성과 남성의 조화가 가장 이상적이다.

여성 손님이 더 좋아하는 고우

고우를 방문하는 여성 손님은 전체의 약 60% 정도로 남성 손님보다 더 많고, 연령대는 20대 후반에서 30대가 가장 많은 편이다. 객관적인 통계와 수치만 봐도, 여성 손님이 고우의 주 고객층이라 할 수 있다. 그러면 고우의 어떠한 점들이 여성 손님에게 어필하는 것일까? 고우를 방문하는 여성 손님들을 잘 살펴보면, 다음과 같은 몇 가지 특징과 시사점을 발견할 수 있다.

접근성이 떨어져도 괜찮으면 찾아간다

먼저 여성 손님들은 중심지가 아니고 접근성이 조금 떨어지더라도 괜찮은 맛집이라면 기꺼이 찾아가는 수고를 아끼지 않는다. 고우는 이태원 중심 거리에서 살짝 빗겨난 반지하 매장이며, 간판도 작고, 외관상 눈에 잘 띄거나 찾기 쉬운 매장은 아니다. 매장 바로 앞에서 매장을 못 찾겠다고 전화하는 경우도 허다할 정도다. 대부분의 외식업 매장은 사람들의 주목을 받기 위해 더 큰 간판, 더 화려한 외부 인테리어로 무장한다. 그러나 고우는 주변의 화려한 네온사인 속에서 소박하고 조용한 모습으로 고객에게 다가가는 콘셉트인데, 오히려 이런 분위기가 여성 손님들의 감성과 트렌드에 더 맞아떨어진 게 아닐까 싶다.

양보다 질, 맛은 기본, 모양은 예쁘게

여성 손님들은 남성에 비해 양보다 질을 추구하고, 음식의 맛은 기본이며 모양도 예뻐야 한다. 실제 맛은 80점 정도일지라도 눈에 보이는 정성으로 인해 100점까지 올라갈 수 있다는 말이다. 고우도 이런 부분의 중요성을 알고부터는 메뉴의 맛뿐 아니라 어떤 접시를 쓰고 어떻게 데커레이션을 할지에 대해 수없이 고민하고 항상 강조한다. 바쁘다는 핑계로 레시피를 준수하지 않거나 데커레이션을 소홀히 하는 일은 절대 그냥 지나칠 수 없을 정도로 중요하다. 고우에서 제공되는 모든 것들은 우리의 얼굴이자 자존심이다. 내가 만족스러워야 고객도 비로소 만족하게 되고, 바로 이런 엄격함이 여성 고객을 사로잡은 비결이라고 생각한다.

차별화된 메뉴 구성

여성 손님들은 차별화된 메뉴와 메뉴 구성을 좋아한다. 고우도 어찌 보면 차별화된 메뉴 구성이 여성 손님들에게 인기 있는 가장 큰 비결일 수 있다. 여성들의 주문을 살펴보면, 독특한 메뉴에 관심이 많고 단품 요리 하나보다는 여러 개의 하프 메뉴로 다양하게 맛보기를 더 선호한다는 것을 알 수 있다. 고우는 방문하는 손님을 대상으로 가끔 설문조사를 하는데, 특히 여성 손님에게 높은 평가를 받은 것이 바로 하프 메뉴다. 여성 손님들은 단체로 오더라도 큰 메뉴 몇 개를 주문하는 것이 아니라 개개인이 좋아하는 메뉴를 각각 다양하게 선택하는데, 하프 메뉴가 고우의 여성 손님들에게 매력적인 요소로 작용한 것 같다.

독특한 분위기의 볼거리

여성 손님들은 독특한 분위기를 좋아하고, 꼬치를 굽는 것과 같은 볼거리나 이야기가 될 만한 소재를 찾는다. 고우는 카운터석에 편안히 앉아 꼬치 굽는 모습을 바로 앞에서 지켜볼 수 있다. 대부분의 이자카야는 카운터석이 높아서 의자도 높고 불편하다. 하지만 고우는 홀 바닥 자체를 30센티미터 정도 높여서 카운터석도 일반 의자를 사용한다. 손님은 의자에 편하게 앉을 수 있고, 꼬치를 굽는 직원의 눈높이와 비슷해 어색하지 않으며, 야키 다이와 오픈 주방을 한눈에 볼 수 있다. 한국에서도 일본에서 건너온 야키토리의 분위기를 제대로 느낄 수 있게 하고 오픈 주방의 활기찬 볼거리

를 제공하는 것, 바로 이러한 부분들은 다른 매장과 차별화되는 고우만의 매력적인 요소로 작용한다.

신선한 재료, 위생과 서비스

음식점은 먹을 것을 다루는 한 청결이 가장 중요하며 절대 음식이 불결해서는 안 된다. 고우는 재료의 신선함과 위생을 가장 중요시하고 이 원칙을 철저히 준수한다. 이러한 부분에 신뢰가 쌓이면 여성 손님들은 고우의 단골이 된다.

항상 새로운 수익 모델을 찾는다

코로나19로 직격탄을 맞은 이태원 상권

고우도 오픈 이래 많은 힘든 상황을 겪어왔지만, 코로나19만큼 크고 강력한 타격은 없었다. 사실 코로나19 시작 초기에는 그다지 큰 영향을 받지 않았는데, 이태원 클럽발 확산이 터지면서 상황은 돌변했다. 이태원 상권은 그야말로 직격탄을 맞았다. 모든 미디어들이 앞다퉈 이태원 클럽발 확산을 다뤘고 이태원에서 일하는 사람들 모두를 환자처럼 취급했다. 문제의 클럽들은 이태원 상권의 일부 구역이었고 고우와는 정반대 위치에 있었지만, 이태원이라는 명칭만으로 모든 매장과 사람들은 경계와 비난의 대상이 되었다. 정기적으로 참석하던 모임에서 당분간 나오지 않는 게 좋겠다는 권유(?)를 받을 정도였는데, 세상의 인심과 냉정함을 온몸으로 실감한 때였다.

2020년 5월 7일, 이태원 클럽발 확산이 뉴스를 도배한 날이다.

당장 다음 날인 금요일 매출부터 타격을 받았는데, 500만 원 정도 하던 본점 매출이 바로 50만 원까지 1/10로 곤두박질쳤고 그다음 날은 매출이 제로(0)였다. 이태원 거리가 하루 종일 인적이 없는 유령도시처럼 변했고 거의 모든 매장들이 휴업을 하거나 더 이상 못 버티고 폐업하기 시작했다. 이렇게 3개월이 넘도록 크나큰 타격을 받았다. 고우는 휴업을 하기보다 조금이라도 방문해주시는 손님과 직원들을 위해 운영했는데, 그 최악의 시기에 찾아주는 단골 고객과 마른 수건도 다시 쥐어짜는 비용 절감으로 간신히 버텼다.

이태원 클럽발 확산이 조금씩 잊혀지기 시작하고 이제 상권이 회복되리라는 기대를 할 무렵 다시 코로나19의 대유행으로 사회적 거리두기가 2.5단계로 격상되고 밤 9시로 영업이 제한되었다. 고우의 오픈 시간인 오후 5시부터 밤 9시까지 단 4시간, 아니 저녁 7시부터 손님이 차는 걸 감안하면 실질적으로 겨우 2시간 영업을 하는 셈이었다. 그다음 날부터 단 몇 테이블만을 채우고 끝났고, 그마저도 코로나19의 유행으로 저녁 모임은 거의 사라진 상황이었다. 또다시 매출은 최악이었고 인건비와 임대료는 고스란히 적자로 반영되었다. 통장의 잔고는 바닥을 드러내기 시작했는데, 지급해야 할 세금과 고정비의 부담은 줄지 않았다. 밤마다 제대로 잠을 이룰 수 없었고, 은행대출과 자금 지원을 알아보는 게 하루 일과가 되었다. 주변의 매장들은 어느새 하나둘 직원들을 정리하고 있었고, 아예 영업을 접는 매장도 많아졌다.

주변 지인들은 고우도 직원을 줄이거나 휴업을 하라고 조언했다. 그러나 고우의 직원들은 야키토리와 조리 기술을 익힌 숙련자들이라 미래를 생각하면 쉽게 포기할 수 없었고, 무엇보다 고우에서 인연을 맺은 직원들을 이렇게 내보내고 싶지 않았다. 매월 몇천만 원씩 적자가 발생하는 상황에서 하루하루가 괴로웠다. 단지 하루라도 빨리 코로나19가 끝나기만을 간절히 바라는 마음으로 정말 악착같이 버텼다.

결국 다시 위기를 버티고 다른 매장에 비해 어느 정도는 회복이 되었지만, 돌이켜보면 정말 끔찍한 시간이었다. 어느 날 갑자기 이런 상황에 처할 줄은 꿈에도 생각지 못했고, 그때까지만 해도 잘나가던 매장만 믿고 있었기에 더더욱 충격이 컸다.

새로운 시대에는 새로운 수익 모델이 필요하다

코로나19의 위기 상황은 미리 예상하기도 어려웠지만 기존의 매장 운영 시스템으로는 전혀 대응할 수가 없었다. 지금은 코로나19로 너무나 힘들지만, 앞으로 더 강력한 무언가가 또 찾아올 수도 있다. 그렇기에 외식업 매장도 이제는 어느 정도 대비가 필요하고, 추가 수익을 가져다줄 수 있는 또 다른 무언가를 만들어놓을 필요가 있다. 고우도 새로운 수익 모델을 찾아 진행하고 있다.

배달

배달은 코로나19 이전에도 다양한 배달앱 서비스가 서로 경쟁하며 외식 시장을 크게 뒤흔들고 있었다. 하지만 고우는 야키토리 매장이기에 배달은 전혀 고려의 대상이 아니었다. 맛과 생동감을 중요하게 생각하는 고우의 가치와 전혀 어울리지 않는다고 생각했기 때문이다. 하지만 야키토리만큼은 절대 배달을 하지 않으리라는 내 생각이 코로나19라는 현실에 결국 무너졌다. 배달은 이제 시대의 흐름이었다. 지금은 일본 고우에서조차도 야키토리 배달을 하고 있다. 더 이상 외면할 수 없었고, 최대한 서둘러 준비를 해야 했다. 이제는 매장에서 직접 먹는 야키토리와 맛 차이를 어떻게 최소화하느냐가 고민거리였다. 메뉴를 선정하고, 맛을 테스트하고, 사진을 찍고, 배달 용기의 선정과 구매도 여러 번 시행착오를 겪어야 했다. 생각보다 할 일이 너무 많았고 진행하기까지 시간도 많이 걸렸다. 많은 어려움이 있었고 아직 역부족이지만, 이제 배달은 고우의 부수적인 수입을 창출하는 수익 모델이 되었다.

밀키트

고우는 2021년 중반부터 밀키트 준비를 시작했다. 밀키트는 고우의 새로운 수익 모델이 될 수 있다는 생각에 코로나19 이전부터 관심이 많았던 부분이다. 이미 많은 외식업 매장들이 시그니처 메뉴를 밀키트로 판매하고 있었는데, 고우도 매장에서 인기 있는 대표 메뉴들을 중심으로 밀키트를 만들고 싶었고 잘할 자신도 있었다. 다만 온라인으로 판매하기 위해서는 적합한 메뉴 선정 등 준비 작업이 필요했다. 진공 포장기를 구매 후 판매 가능한 메뉴를 냉장, 냉동으로 구분해 수없이 테스트를 거쳤다. 또 서둘러 통신판매업 신청을 하고 네이버 스마트스토어 등 판매 라인 연결도 완료했다. 현재는 네이버 스마트스토어에서 이치야보시(훈제 닭다리살) 메뉴 하나만을 판매 중이지만, 꼬치구이, 만능타레, 교자, 테바사키교자 등도 준비 중이다. 이제 마지막으로 포장 용기 작업 등을 하고 있는데, 조만간 또 하나의 수익 모델이 될 수 있을 것이다.

시장의 변화에는 비즈니스의 변화로 대응한다

코로나19로 얻게 된 큰 교훈 중의 하나는 바로 시장은 계속 변화하고 위기는 언제든 찾아올 수 있다는 것이다. 따라서 외식업 매장도 끊임없이 변화해야 한다. 고우도 시장의 변화에 맞추어 계속 진화할 것이고 그동안 고집했던 비즈니스 모델을 전환하는 데도 결코 주저하지 않으려 한다. 그런 차원에서 이미 진행 중인 수익 모델을 더욱 보완할 생각이며, 새로운 비즈니스도 꾸준히 개발할 계획이다.

배달에 적합한 메뉴 추가하기

배달에서는 기존 배달 메뉴를 좀 더 맛있게 드실 수 있도록 보완하고 배달에 적합한 메뉴를 추가해 배달 상품 라인을 더욱 강화할 계획이다. 어쩌다 보니 코로나19로 배달을 시작하게 되었고 이제 어느 정도 안정이 되었지만, 아무리 오프라인에서 강한 고우라도 배달에서는 이제 막 걸음마를 뗀 수준이다. 야키토리는 매장에서 비장탄에 갓 구워 손님께 제공해야 최상의 상태에서 제대로 맛을 느낄 수 있고 또 매장의 분위기와 함께 먹는 메뉴다. 그러나 배달은 도착까지 물리적인 시간이 필요하기에 제대로 된 맛을 느낄 수가 없다는 것이 가장 큰 어려움이지만, 코로나19 이상의 그 무엇이 언제 또 닥칠지 모르기에 변화에 주시하며, 시대의 흐름 속에 발맞춰 노력하는 자세가 필요하다.

밀키트 메뉴 출시 후 라이브커머스에 판매하기

밀키트는 고우가 보다 중점을 두고 추진해야 하는 비즈니스 모델이라고 생각한다. 이는 단순히 코로나19로 줄어든 매출 때문만은 아니다. 시장이 너무나 빨리 다양화되어 가고 있다. 외식 시장의 환경은 저만치 앞서가고 있는데 오프라인 매장에만 기댔던 사람들은 이런 온라인 환경에 계속 뒤처지고 있다.

다만 이것 역시 기존 야키토리에 접목하기 쉽지 않고 처음 하는 도전이라 시행착오도 많을 것이다. 온라인 사업 초보자의 제품이 얼마나 팔릴지 미지수이지만, 이렇게 시대의 흐름에 따라 한 걸음씩 나아가며 시도해보는 것이 무엇보다 중요하다는 생각이다. 이제 고우의 밀키트는 내가 쇼호스트가 되어 실시간 동영상 스트리밍으로 물건을 직접 판매하는 채널인 라이브커머스에서의 판매도 계획 중이다.

기존 사업을 포트폴리오하고 보다 업그레이드된 비즈니스 시도하기

시대가 변하면 사람이 바뀌듯 비즈니스 환경이 변하면 외식업도 변화를 꾀하는 것이 당연하다. 사실 매일매일 새로운 고민에 빠져 있으며, 업그레이드된 비즈니스 구상으로 매장과 집의 좁은 공간이 구석구석 자료로 채워지고 있다. 시장의 변화에 맞춰 비즈니스도 변화하는 것은 이제 너무도 당연해 보인다. 고우의 새로운 비즈니스가 조만간 탄생하길 기대한다.

내가 파는 상품을 철저하게 관리한다

상품을 잘 알아야 매출이 오른다

생각해보면 지금처럼 '잘 먹고 잘 살기'에 많은 관심을 보이던 때도 없었던 것 같다. 이제 모든 방송의 메인 시간대를 음식 관련 프로그램이 차지하고 있고, 음식 맛이라면 모두가 평론가 수준이다. 특히 코로나19로 하늘길과 바닷길이 모두 막히고 음식점도 편하게 이용하기 힘든 상황에서는 많은 사람들이 방송을 보며 기대치만 점점 높아지는 듯하다.

나 역시 개인적으로 음식에 대한 관심이 많고 식탐이라면 빠지지 않는다. 더구나 야키토리 전문 이자카야를 운영하면서 다루는 게 음식과 술이다 보니 더욱더 그렇게 되었다. 예전엔 사케에 그다지 관심이 없었고 잘 알지도 못했다. 그런데 고우를 운영하면서 사케를 판매하고 접할 기회가 많아지면서 와인처럼 사케도 수많은 종류와 매력이 있다는 것을 알게 되었다. 그러다 보니 욕심이 생겨

2019년, 사케 소믈리에 자격증인 '키키자케시'도 취득하게 되었다. 꼭 자격증이 있어야 사케를 잘 판매할 수 있는 것은 아니지만, 그만큼 더 자신 있게 손님께 사케를 추천해드릴 수 있다.

사실 외식업 매장의 운영자라면 매장에서 판매하는 상품을 누구보다 잘 알고 있어야 한다. 내가 잘 모르고 손님께 판매한다거나 내가 좋아하지 않는 상품을 팔면서 매출이 잘 나오기를 기대하는 것은 어불성설이다. 직원도 마찬가지다.

판매하는 상품을 잘 아느냐와 모르느냐는 실제 매장 운영과 매출에 있어서 하늘과 땅만큼의 차이를 가져온다. 판매하는 상품을 잘 알아야 고객에게 설명할 수 있고, 상품 콘셉트를 잡거나 마케팅도 진행할 수 있다. 또 품질을 유지하고 약점도 개선 보완할 수 있으며, 이 모든 것은 당연히 매출로 직결된다.

고우에서 사장을 포함한 모든 직원이 가장 잘 알아야 할 상품은 바로 사케다. 다른 모든 메뉴도 중요하지만, 고우의 매출에 가장 큰 영향을 주는 상품이 바로 사케이기 때문이다. 사케는 고우의 매출에서 큰 부분을 차지하지만, 여전히 아쉬운 부분이자 가장 발전 가능성이 큰 상품이다. 그래서 직원들에게 주기적으로 사케교육을 진행하고 있다.

비싼 사케가 좋은 사케인가요?

가끔 손님들께서 메뉴판을 보며 가장 맛있는 사케는 어떤 거냐고 묻는다. 그러면 “당연히 비싼 사케가 가장 맛있는 사케지요”라고 농담반 진담반으로 말씀드린다. 그 대답을 그냥 농담으로 생각하고 웃으시는 손님도 있고 진지하게 받아들이는 손님도 있다. 하지만 결코 틀린 말은 아니다.

최상급에 해당하는 ‘준마이다이긴조’급 사케가 비싼 데는 이유가 있는데, 잡미가 나는 원인인 쌀의 겉부분을 많이 깎아서 만들기 때문이다. 쌀을 많이 깎아서 술이 깔끔해지지만, 그만큼 재료가 더 많이 들어가 비싸질 수밖에 없고 그만한 기술력과 시간 및 정성도 뒷받침되어야 한다.

하지만 아무리 비싼 와인도 본인의 취향에 맞지 않으면 좋은 술이 될 수 없는 것처럼 사케 역시 마찬가지다. 비싼 사케가 아니라고 해서 맛이 없다고는 할 수 없다. 본인의 입맛에 맞으면 좋은 사케인 것이다.

계절과 음식에 맞춰 어울리는 사케를 추천한다

음식과 술은 떼려야 뗄 수 없는 관계다. 더욱 맛있게 즐기기 위해서는 서로의 장점은 극대화하고 단점은 보완해주는 술과 음식의 궁합이 중요하다. 이 둘의 궁합을 프랑스어로는 ‘마리아주(mariage)’, 영어로는 ‘매리지(marriage)’, 또는 ‘페어링(pairing)’이라고도 표현한다.

고우도 생맥주, 하이볼, 사케, 소주 등 많은 종류의 술을 판매하고 있다. 사실 어떤 음식을 어떤 술과 매칭하느냐에 따라 서로의 맛에 크게 영향을 미치는데, 특히 사케가 그렇다. 하지만 많은 손님이 적당한 가격대에 맞춰 사케를 선택하는 것이 보통이다. 나는 적어도 우리 매장에 오는 손님들만큼은 선택 가능한 선에서 취향과 입맛, 안주의 종류에 어울리는 사케를 제안한다. 음식의 식재료나 조리 방식에 따라 더 잘 어울리는 사케가 있기 때문이다.

사실 사시미와 같이 주메뉴가 정해져 있으면 그에 맞는 사케를 추천하기 수월하지만, 고우와 같이 여러 단품 메뉴들을 많이 주문하는 경우는 어느 하나에 맞는 사케를 권하기보다는 주로 손님의 취향에 맞춰서 추천한다. 향이 강한 술을 좋아하는지, 향이 약하고 깔끔한 맛을 좋아하는지, 가격대는 어느 정도를 원하는지 등을 먼저 묻는다. 그다음에는 사케에 대한 지식과 경험에 따라 선택의 폭을 넓혀주고, 필요하면 어울리는 메뉴도 단품과 세트로 각각 소개한다.

사케의 또 다른 매력은 계절에 따라 어울리는 사케가 다르다는 점이다. 계절에 맞는 사케는 음식과의 궁합 이상으로 환상적인 맛을 보여준다. 계절의 시작인 봄에는 벚꽃을 연상할 수 있는 꽃향과 과실향이 나는 사케를 추천하는데, 벚꽃이 그려진 라벨이나 핑크빛의 사케병이라면 당장이라도 피크닉을 가고 싶어진다. 여름에는 시원한 청량감의 사케 또는 살짝 드라이한 카라구치를 추천하는데, 디자인은 역시 시원한 느낌을 주는 푸른 계통의 사케병이 선호된다. 가을에는 완숙의 계절이기에 프레시한 느낌보다는 조금 더 무게감 있는 사케나 곡물 향이 많이 나는 사케가 좋다. 추운 겨울에는 따뜻하게 마셔도 되는 사케를 많이 권하는데, 사케에 따라 차갑게 마시는 게 더 좋은 것도 있기에 구분해서 추천하는 것이 좋다. 데워서 나갈 때는 도쿠리 병에 덜어 50도 정도의 온도로 데워 드린다.

사케 관리와 트렌드 파악은 필수

사케의 관리는 생각 이상으로 중요하다. 대형 마트에서 고급 사케를 상온과 강한 조명에 그대로 노출한 채 보관하는 경우를 볼 수 있는데, 사케를 제대로 관리하지 않고 판매하는 것이라 무척 당황스럽다. 최상급의 사케일수록 엄격한 운송 절차와 보관 방법을 준수해야 하고, 매장에서 판매할 때도 엄격한 기준에 따라 관리해야 한다. 고우는 수입 과정의 관리와 수입 후 보관 관리를 잘하는 사케 업체를 특별히 선별해 제공받는다. 매장에서도 받자마자 냉장 보관을 필수로 하는 등 철저히 관리하고 있다.

우리나라에서도 오마카세 매장이나 일본 현지의 고급 야키토리 집에서는 사케를 와인잔에 제공하는 경우도 많다. 향이 좋은 사케는 향이 빨리 퍼져나가지 않도록 윗부분이 좁은 와인잔에 제공하기도 하고, '신슈'(와인의 '보졸레누보' 같은 술)와 같이 아직 향이 활성화되지 않은 사케는 윗부분이 넓은 잔으로 공기와 접촉할 기회를 늘려 향을 더욱 활성화하기도 한다.

몇 년 전인가 비싼 사케를 주문하신 손님께 좀 더 특별하게 제공하고 싶어서 와인잔에 드린 적이 있다. 그분은 사케를 와인잔에 주는 법이 어딨냐며 화를 내셨는데, 나의 의도를 미처 말씀드리지 못하고 바로 사과하며 사케잔으로 바꿔드렸다. 물론 요즘은 오히려 사케를 와인잔에 마실 수 있냐고 먼저 묻는 손님들도 있다. 사케를 와인잔에 제공하는 것은 한때 유행하는 트렌드일 수도 있지만, 사케의 특징에 따라 더 맛있게 즐길 수 있는 방법이기도 하다.

사케는 한번 오픈하면 와인처럼 가급적 빨리 마셔야 한다. 우리나라에서는 일본처럼 사케 잔술을 판매하는 곳이 많지 않다. 일본에서는 퇴근길에 근처 선술집에 들러 가볍게 혼술을 하는 것이 일상의 풍경이지만, 우리나라는 혼술을 하는 분위기가 아니어서 매장 입장에서는 잔술 판매에 대한 로스가 많기에 판매하는 곳이 많지 않은 것이다.

고우는 얼마 전부터 잔술 판매를 시작했는데, 일본에서 많이 사용하는 '마쓰'잔을 받쳐 제공하고 있다. 마쓰는 나무로 만든 사각 받침 잔으로, 이 안에 사케잔을 넣고 넘치도록 따라준다. 사케잔에 있는 술을 모두 마신 후, 마쓰잔에 조금 남아 있는 술을 사케잔에 다시 따라 마실 수 있다. 마쓰는 사용 후 잘 말려야 하는 등 관리를 잘해야 하기에 고우는 이 부분에 특히 더 신경 쓰고 있다.

1.8리터짜리 사케를 오픈해놓은 후 판매되지 않으면 맛이 변하기에 판매에 대해 고민이 많았다. 고민 끝에 그에 대한 대책으로 잔술과 함께 프리미엄 돗쿠리(300ml)로도 판매하고 있다. 이렇게

판매하니 오픈 후 사케 회전이 빨라 맛이 변질될 염려도 없고 손님께 부담 없이 잔술로도 판매할 수 있으니 인기가 많다. 무엇보다 더욱더 일본 현지의 분위기를 느낄 수 있다고 말씀하신다.

나는 사케를 철저하게 관리하기 위해 평소에도 사케 공부를 꾸준히 하는 편인데, 내가 주로 쓰는 방법은 사케 노트를 적는 것이다. 사케 노트를 기록해두면 자신에게 가장 잘 맞는 사케를 발견할 수도 있고, 나중에 찾아봐도 재미있을 것이다.

내가 이렇게까지 하는 이유는 고우에서 판매하는 사케를 나 자신이 잘 알고 있어야 손님께 제대로 권할 수 있고, 고우의 매출도 더욱 향상될 수 있다고 믿기 때문이다. 이렇게 사케를 잘 관리하는 것과 사케의 트렌드를 꾸준히 공부하는 것은 아주 중요하고 반드시 해야 할 일이다. 그래서 다른 무엇보다 사케 전문가를 목표로 계속 나아가기 위해 '탑씨클(Top ceo class, 자영업 오너들을 위한 클래스)'에서 사케 강의를 진행하고 있기도 하다.

3장

차별화가 답이다

매장 운영의 8가지 숨은 노하우

매장 크기는 20평 내외로 한다

고우는 호출벨이 필요 없다

어떠한 외식업 매장이든 가장 이상적인 크기(면적)가 있기 마련이다. 따라서 외식업을 하려는 사람은 자신의 브랜드에 가장 알맞은 매장의 크기를 찾을 필요가 있다.

고우는 손님과의 소통을 매우 중요하게 생각한다. 그래서 손님과 가장 친밀하게 소통할 수 있고 손님이든 직원이든 매장의 전체 상황과 분위기를 한눈에 볼 수 있는 매장을 가장 이상적이라고 생각한다.

이태원에 있는 고우 본점에 들어서면, 매장 한가운데 야키다이를 중심으로 살짝 둥글린 카운터석(다찌석)을 볼 수 있다. 또 좌측으로는 신발을 벗고 들어가 앉는 호리고다츠석이 길게 둘러져 있고 안쪽에는 일반 테이블석도 있다. 매장의 전체 크기는 20평 정도며, 결코 넓거나 화려하지는 않지만 서로 이상적인 조화를 잘 이루고 있다.

외식업 매장의 크기와 레이아웃을 정할 때는 고객과의 소통을 최우선적으로 고려해야 한다. 야키토리 매장도 마찬가지다. 스시 매장의 최고 상석이 스시를 만드는 셰프의 바로 앞 좌석이라면, 야키토리 매장의 최고 상석은 꼬치를 굽는 야키다이 바로 앞쪽이다. 야키다이 앞에 앉은 손님은 야키 마스터가 꼬치 굽는 모습을 지켜보면서 먹을 수 있고 또 마음에 드는 꼬치를 보면 바로 주문할 수도 있다.

직원 입장에서도 특히 꼬치를 굽는 직원은 매장 한가운데 서서 매장 전체 상황을 한눈에 확인할 수 있는 크기가 바로 20평 정도다. 매장의 크기가 이보다 더 크면 사각지대가 생길 수밖에 없고, 손님이 부르는 소리도 들리지 않기에 호출벨이나 추가 응대 직원이 필요하다. 호출벨을 눌러 종업원을 부르는 것은 고우가 추구하는 접대 정신에 어긋나고 손님들께 제대로 된 서비스를 제공하는 데 장애물이 된다.

그래서 고우의 매장 크기는 20평에서 최대 25평을 넘지 않도록 하고 있다. 가끔 10평 남짓의 매장에 오픈하고 싶다는 가맹 문의를 받을 때도 있는데, 매장이 너무 작으면 현재 고우의 방식으로 운영하는 데 한계가 있기에 권장하지 않는다.

白州
朝
朝
朝

매장의 분위기와 에너지를 전달해야 한다

강남의 번화한 상권을 걷다 보면 한 건물을 통째로 차지하고 있는 대형 이자카야들을 많이 볼 수 있는데, 저렇게 크면 손님과 친밀한 소통이 이루어질까 하는 의문이 든다.

물론 외식 브랜드의 특성에 따라 넓은 매장이 더 적합하거나 호출벨과 워키토키(무전기)를 더 선호하는 매장도 있다. 하지만 기본적으로 외식업 매장이라면 고객과 직접 눈맞춤을 할 수 있고 호출벨 없이도 불러서 직접 의사소통을 할 수 있는 정도의 매장 크기가 가장 이상적이라고 생각한다.

고우가 추구하는 콘셉트는 일반 직장인들이 퇴근 후 편하게 방문해 활기찬 일본 야키토리 이자카야 문화를 즐기는 것이다. 그렇기에 영업이 시작되면 일본어가 가능한 직원들은 일본어로 커뮤니케이션하고, 다양한 구호들을 함께 복창하며 일본스러운 분위기를 살리고 있다. 이러한 것들은 직원들 간에 서로 힘을 북돋워주고 소통하는 목적도 있지만, 무엇보다 활기차고 에너지 넘치는 일본 이자카야의 생생한 분위기를 고객에게 그대로 전달하고자 하는 목적이 더 크다.

손님이 들어오셨을 때 다 같이 복창하며 인사하는 것, 메뉴 주문을 받은 후 주방 쪽을 향해 외치는 것, 그 외에도 메뉴를 제공하거나 고객에게 화장실을 안내할 때 각 상황별로 건네는 고우만의 인사말과 서비스들은 매장이 넓으면 그 가치나 효과가 떨어지고, 또 고객을 응대함에 있어 소홀히 하게 되거나 고객과의 커뮤니케이션도 더 어려워질 수밖에 없다.

예를 들어 손님이 메뉴판을 보면 주문을 받기 위해 손님을 응시하고 있어야 하고, 손이나 고개를 들어 직원을 찾으면 바로 달려가 응대할 준비가 되어 있어야 한다. 계산할 때는 소지품 등을 챙겨드리고 재빨리 계산을 진행해야 한다. 이 모든 것들은 매장이 넓고 레이아웃이 복잡할수록 바로바로 인지하지 못하게 되고, 결국 고객 불만과 비효율로 이어지기 마련이다.

손님 입장에서도 고개를 돌리면 바로 직원들이 보이고, 손을 들면 바로 달려올 수 있다면 서비스에 대한 만족도가 훨씬 높아질 것이다. 또 매장 전체의 분위기와 에너지를 바로 눈앞에서 느끼고 체험할 수 있다면 고우를 좀더 이해하고 좋아하게 되는 것이 당연하다. 고우는 단지 야키토리만을 판매하는 곳이 아니라 일본 야키토리 문화와 분위기를 판매하는 곳이므로 그런 에너지가 고객에게 그대로 전달될 수 있어야 한다.

외식업은 경험과 추억을 파는 곳이다

외식업은 대표적인 환대산업(hospitality industry)이다. 식당은 고객이 환대받으며 맛있는 음식과 기분 좋은 서비스를 즐기는 공간으로, 편안하고 세련된 인테리어, 직원들의 진심 어린 미소와 친절한 서비스, 이국적인 문화와 분위기 등이 맛있는 음식과 한데 어우러져 특별한 경험과 추억을 선사하는 곳이다.

사람들은 단순히 음식만 먹으러 식당에 가지는 않는다. 돼지우리와 같은 지저분한 곳에서는 결코 음식이 맛있다고 느낄 수 없고, 직원의 태도가 불친절하면 다시는 그 매장을 방문하지 않는다.

따라서 외식업은 경험 비즈니스라고도 할 수 있다. 외식업 매장을 방문한 고객들은 음식과 함께 그 매장의 분위기, 직원의 서비스, 음악이나 조명 등을 오감으로 경험하고 그 즐거움과 편리함을 다시 기억하고 찾아오는 것이다.

매장 근무를 하다 보면 많이 듣는 이야기가 손님들이 메뉴를 고르면서 '일본에 있을 때 먹어본 건데', '이거 보니 일본 여행 가고 싶다', '여기 오니 일본에 온 것 같다'와 같은 말이다. 손님들이 꼬치를 드시며 분위기에 취해 일본에 와 있는 것 같다는 대화가 얼핏얼핏 들려올 때마다 고우가 추구하는 콘셉트가 좋은 경험과 기억으로 잘 전달되고 있구나 싶어서 그 무엇보다도 뿌듯함을 느낀다. 외식업 매장에서의 즐거운 경험이 손님에게 추억이나 향수를 불러일으키고, 다시 그 경험이 쌓여 추억이 되는 것, 어쩌면 이것이야말로 가장 이상적인 외식업의 모습일지도 모른다.

경험과 추억을 이야기하다 보니, 지금도 기억에 남는 손님이 한 분 떠오른다. 그 손님은 처음 매장을 방문했을 때, 야키다이가 가장 잘 보이는 카운터석 한가운데 홀로 앉아 주문을 하지 않고 꼬치 굽는 직원을 한참 동안 물끄러미 바라보며 주변만 계속 두리번거렸다. 얼마 후 메뉴판을 펴서 쭈욱 훑어보고 주문을 했는데, 음식이 나온 후에도 계속 멍한 표정으로 야키다이만 계속 바라보고 있었다. 나중에 손님이 계산하면서 이야기하시길, 일본에 살았을 때 외로움을 달래려 이자카야에서 홀로 한잔하곤 했는데 고우에 오니 그때 생각이 나서 잠깐 추억에 빠지게 되었다는 것이다.

처음에는 좀 이상하게 생각했지만, 그 손님의 이야기를 듣고 나니 손님의 좋은 추억을 되찾아드린 것 같아 너무나 기뻤다. 지금도 그 손님의 눈빛과 즐거운 표정이 눈앞에 아른거리는데, 이러한 경험에서 외식업 매장은 단순히 음식만을 파는 곳이 아니라는 것을 다시 한 번 생생히 실감하게 된다. 물론 3년 전의 그 손님은 감사하게도 고우의 단골손님이 되셨고 지금도 꾸준히 매장을 찾아주신다.

고우가 파는 것은 문화 콘텐츠

내가 외식업과 처음 인연을 맺었을 때 한 가지 다짐한 게 있었다. 바로 음식만 팔지 않겠다는 것이었다. 나는 고우를 음식만 파는 곳이 아니라 일본 '이자카야 문화 콘텐츠'를 함께 제공하는 곳이라고 생각한다. 그래서 고우를 찾는 손님들이 일본의 이자카야 문화를 마음껏 맛볼 수 있도록 하기 위해 많은 노력을 기울인다.

매장 크기를 20평이 넘지 않게 하는 이유도 바로 일본 선술집 특유의 문화를 그대로 느끼게 하기 위함이다. 고우를 방문하면 일본 선술집 분위기와 생동감을 그대로 경험할 수 있다.

간판을 간신히 찾아 매장 안으로 들어가면 한눈에 봐도 일본식 이자카야 매장임이 느껴진다. 하치마키(천으로 된 일본식 머리띠)를 두른 직원들은 일본어를 외쳐대며 손님을 맞이하고, 매장에는 귀에 익은 J-팝이 흘러나온다. 벽면에 붙은 포스터와 액자도 일본 분위기를 물씬 풍기고, 매장 중간에 있는 야키다이에서 뽀얀 연기가 피어오르며 꼬치가 익어간다. 자리에 앉자 직원들이 일본어로 인사하고 낮은 자세를 취해 주문을 받는다.

나는 손님들이 고우의 문을 여는 순간부터 일본의 이자카야 문화를 제대로 느끼도록 하고 싶다. 고우 직원들이 매장에서 끊임없이 "이랏샤이(어서옵쇼)", "나마잇쵸(생맥주 한 잔)", "오카에리나사이(다녀오셨어요)" 등을 외치고 복창하는 이유다. 고우가 음식만을 파는 곳이라면 굳이 이러한 노력을 할 이유가 없다.

요즘은 우리나라에도 꼬치구이 매장이 수없이 많다. 그러나 고우가 평일에도 만석에 웨이팅이 있을 정도로 손님들이 즐겨 찾는 인기 매장이 된 데에는, 단순히 맛있는 꼬치구이 메뉴 때문만은 아닐 것이다. 고객은 색다른 경험과 분위기에서 즐거운 시간을 보내고, 일본 음식뿐만 아니라 일본 문화도 함께 경험하고 싶어 한다. 고우는 바로 이런 고객의 요구를 만족시키기 위해 끊임없이 노력하고 있고, 그렇기에 감사하게도 고객들의 사랑을 받고 있다고 생각한다. 꼬치구이가 입을 즐겁게 한다면, 고우의 분위기는 고객의 오감을 즐겁게 한다. 손님을 즐겁게 하는 것! 고우가 꼬치뿐만 아니라 문화 콘텐츠도 함께 팔고 있는 이유다.

메뉴판은 매장의 얼굴이다

메뉴판의 심리학

외식업 매장에 들어가 앉자마자 누구나 맨 먼저 하는 행동은 메뉴판을 펼쳐 보는 것이다. 친절한 메뉴판은 친절한 직원 이상으로 손님을 즐겁고 편하게 해준다. 그리고 훌륭한 메뉴판은 재미있는 잡지 이상으로 고객의 시선을 사로잡는다.

사실 누구나 한 번쯤은 음식점에 들어가 메뉴판을 보고 어떤 음식이 있는지, 어떤 맛인지, 그냥 시켜도 후회하지 않을지 등에 대해 고민해본 적이 있을 것이다. 지금은 일본 음식이 한국인에게 많이 익숙하지만 야키토리나 이자카야 메뉴는 스시나 돈부리와 달리 아직은 조금 낯설게 느껴질 수 있고 한국 음식처럼 누구나 쉽게 선택하기는 어려운 측면이 있다.

메뉴판에 사진과 함께 친절한 설명이 적혀 있으면 메뉴명이 어렵고 낯설더라도 결정하기가 쉬워진다. 그러나 메뉴명도 어렵고 사진이나 설명도 나와 있지 않다면 망설이다가 결국은 직원을 불러 물어보거나 아니면 그냥 익숙한 메뉴나 대략적인 예상으로 주문할 것이다.

고객이 어떤 메뉴를 선택할지 고민하게 만드는 것은 고객의 입장에서 불편이다. 직장에서도 집에서도 고민해야 할 거리로 넘쳐나는 세상인데, 동료나 친구와 맘 편하게 한잔하러 온 자리에서 사진도 없는 어려운 메뉴명으로 선택의 불편을 느끼게 해서는 안 된다. '선택 장애'란 말이 괜히 나온 단어가 아니며, 음식에 있어서는 특히 더 힘들다. 만약 손님이 이러한 불편과 고민 끝에 주문한 메뉴에 만족하지 못하면 문제는 더 심각해진다. 그 외식업 매장의 음식 맛과 수준을 메뉴에 대한 판단으로 결정지을 수 있기 때문이다.

물론 메뉴명이 어렵고 낯설수록 외식업 매장의 수준이나 신비감이 더욱 커진다거나, 직원 응대를 통한 메뉴 홍보가 고객과의 접점 기회를 더 늘릴 수 있다고 생각하는 사람들도 있다. 하지만 이것은 조금 과장해 호텔급 서비스를 받는 곳이나 유명 셰프가 운영하는 최고급(high-end) 레스토랑에 적용 가능한 이야기이고, 일반적인 외식업 매장에 통용되기는 힘들다.

일반적인 가격대의 외식업 매장이라면 인건비 부담이나 인력 운영 차원에서 손님 응대에 한계가 있을 수밖에 없고 손님 입장에서도 어려운 메뉴와 과도한 설명은 부담으로 느껴지기 쉽다. 결과적으로 바쁜 매장 상황에서 손님의 호출에 제대로 대응하지 못하거나 낯선 메뉴를 알아서 스스로 선택해야 하는 불편을 준다면, 손님은 불러도 오지 않는 직원을 기다리다 음식을 먹기도 전에 화부터 날 것이다.

외식업 매장에 대한 신비감이나 손님과의 접점 기회는 메뉴판이 아닌 다른 부분으로도 충분히 늘릴 수 있다. 일반 직장에서 상사에게 보고할 때 상사의 눈높이에 맞춰서 이해하기 쉽게 보고서를 작성하는 것처럼, 매장의 얼굴인 메뉴판은 내가 보여주고 싶은 내용으로만 채우는 것이 아니라 고객의 심리를 잘 파악한 후 고객이 메뉴에 끌리고 몰입할 수 있도록 만드는 것이 정답이다.

메뉴판 구성의 원칙

고우는 메뉴판을 구성할 때 다음과 같은 원칙을 지킨다.

브랜드와 매장을 소개한다

메뉴판은 외부에 걸려 있는 간판처럼 브랜드와 매장을 나타내는 또 다른 얼굴이라고 할 수 있다. 따라서 고우의 메뉴판에는 고우에 대한 소개와 함께 브랜드가 추구하는 이념이 간략하게나마 설명되어 있다. 고우의 일본 매장이나 한국의 다른 매장들을 안내하고 홍보함으로써 브랜드와 매장 간에 서로 시너지를 낸다.

메뉴 사진 같은 시각 이미지를 넣는다

메뉴판에 맛있게 나온 음식 사진을 삽입하는 것만으로 매출을 30% 정도 더 높일 수 있다고 한다. 아는 메뉴이라 할지라도 먹음직스럽게 찍은 사진을 보면 눈길이 더 가기 마련이고 당연히 주문율은 높아진다. 물론 모든 메뉴의 사진을 삽입하기에는 공간의 한계가 있기에, 공간 구성을 잘 활용해 가능한 예쁘게 넣는 것이 중요하다. 또 음식 사진을 함께 넣으면, 고객은 크게 고민하지 않거나 직원에게 일일이 물어보지 않고도 자기 기호에 맞는 음식을 수월하게 결정할 수 있으며, 운영하는 매장의 입장에서도 효율성을 더 높일 수 있다.

메뉴와 포지셔닝을 효과적으로 구성한다

메뉴의 구성과 포지셔닝은 아주 중요하다. 위치를 가장 먼저 결정해야 하는 메뉴는 내가 제일 힘주고 싶은, 즉 우리 매장에서 가장 중요하다고 생각하는 메뉴다. 그다음으로 손님의 반응을 보면서 지속적으로 판매할지 아니면 뺄지를 결정할 메뉴들은 '이달의 추천 메뉴' 등으로 그때그때 추가해서 메뉴판을 생동감 있게 만든다.

고우의 메뉴판 첫 장은 이달의 오스스메(추천 메뉴)부터 시작해, 고우의 가장 메인인 야키토리, 일반 메뉴, 술 메뉴 등으로 구성했다. 추천 사케나 일부러 가격이 높은 위스키(히비키, 야마자키) 등은 맨 앞쪽에 삽입해 전체적인 메뉴의 분위기를 높이기도 한다.

미끼 메뉴를 만든다

고우의 초창기에는 손님들이 많이 선택하는 가격대인 4만~7만 원 정도대의 사케 메뉴를 구성하였는데, 그렇게 배치(line-up)하자 4만 원대의 사케가 가장 많이 판매되었다. 이후 사케의 판매 가격대를 올려보고자 30만 원 내외의 사케 몇 종류를 새로 추가해 전체적으로 사케의 평균 가격대를 올려보았는데, 그 결과 5만~6만 원대의 사케가 더 많이 판매되었다. 일종의 타협 효과(여러 대안 가운데 양극단을 배제하고 중간에 위치한 대안을 고르는 심리 현상)라든지 미끼 메뉴의 덕을 본 것이다.

따라서 가장 비싼 메뉴는 일종의 미끼 메뉴로서 해당 메뉴 카테고리 최상단에 넣는다. 카테고리 최상단에 있는 미끼 메뉴가 먼저 고객의 눈길을 끌어당기고, 메뉴를 순차적으로 읽어나갈 때 값비싼 메뉴 아래에 좀 더 낮은 가격대의 메뉴가 있다면 고객은 심리적으로 그 메뉴를 선택하게 되는 것이다.

하프(half) 메뉴도 일종의 미끼 메뉴라 할 수 있다. 손님이 보다 다양한 메뉴를 맛보거나 다른 메뉴도 부담 없이 주문할 수 있도록 만드는 효과가 있는데, 특히 인기 메뉴에 대한 충성도를 높이는 데 크게 기여하고 있다.

이야기가 담긴 메뉴를 만든다

성공한 브랜드나 외식업 매장이 가지고 있는 공통적인 특징을 하나 꼽으라면 바로 스토리텔링이다. 인기 있는 외식업 매장은 단순히 맛있는 음식만을 제공하는 것이 아니라 다양한 이야깃거리와 즐거운 경험을 함께 제공한다.

브랜드의 성공적인 스토리텔링은 손님이 테이블에 앉아서 메뉴판을 보는 순간부터 시작된다. 메뉴의 이름과 사진부터 손님이 맛있는 음식을 상상할 수 있게 자극해주어야 하고 신선한 재료와 독특한 조리법이 손님의 마음을 움직일 수 있어야 한다. 그리고 메뉴를 생각하는 것만으로도 군침이 돌고 가격에 상관없이 꼭 이 음식을 먹고 싶다는 마음이 들 수 있는 그런 스토리로 메뉴판을 채워나가야 한다. 물론 쉽지 않은 작업이다. 고우도 스토리를 담도록 지속적으로 애쓰는 중이다.

먼저 눈으로 맛보게 하자

지인이 대학가 근처에서 야키토리 매장을 오픈했는데, 고객층이 20~30대 초반으로 젊은 사람들이 많았다. 지인은 젊은 사람들의 취향이나 요즘 유행하는 콘셉트는 메뉴 사진 없이 메뉴명만 간단하게 올리는 것이라고 하면서, A4 한 장 정도의 메뉴명만 기재한 메뉴판을 만들었다. 아무리 유행이라도 메뉴판은 내가 운영하는 매장의 매출을 올려주는 중요한 수단임을 알기에 나는 조금 걱정스러운 마음이 들었다.

예를 들면 한식 메뉴처럼 누구나 쉽게 알 만한 메뉴들은 굳이 사진이 없다 하더라도 쉽게 예상할 수 있기에 주문하는 데 큰 영향을 미치지 않을 수도 있다. 하지만 메뉴명이 쉽지 않은 곳이라면 메뉴명만으로 주문하기에는 곤란한 점이 많다. 오픈 후, 우려했던 대로 손님들은 어려운 메뉴명으로 인해 주문을 망설이다 직원을 계속 찾았다. 직원의 수는 많지 않고 또 바쁜 상황에서 손님의 부름에 충분히 응대하기 어려웠으며, 불친절하다는 손님들의 불만과 일일이 응대해야 하는 직원의 불편은 점점 커지게 되었다. 그래서 결국은 몇 달 못 가서 메뉴판에 사진을 삽입하게 되었고 이후 메뉴에 대한 질문이 급격하게 줄어들면서 인력의 효율성도 높아졌다.

나 역시도 이런 경험이 많다. 얼마 전 태국 음식점에 갔을 때의 일이다. 태국 음식을 그리 즐기는 편이 아니라, 메뉴판의 사진도 없는 메뉴명이 꽤 생소했고 어떤 음식을 주문해야 할지 망설여졌다. 점심시간이라 매장은 손님들로 북적였고 응대하는 직원들은 많지 않았다. 모처럼 시간을 내서 찾아간 태국 음식점에서 아무 메뉴나 시키고 싶지는 않았기에 메뉴 설명을 듣기 위해 직원을 불렀지만 바쁜지 꽤 시간이 지나서야 왔다. 메뉴의 특징을 듣고 주문했지만, 나와 일행은 이미 기분이 좋지 않았고, 이 음식점은 다시는 오고 싶지 않은 매장 중 하나가 되었다.

매출을 올리려면 메뉴판을 관리하자

외식업 매장을 운영하는 사람은 메뉴판의 제작과 관리에 최대한 관심을 가지고 주의를 기울여야 한다. 메뉴판은 매장의 매출과 직결된 많은 요소들을 담고 있고 객단가를 높여 매출을 올릴 수 있는 중요한 매개체가 되기 때문이다.

먼저 메뉴판의 디자인과 크기 선택이 중요하다. 고우의 메뉴판은 일반적인 A4가 아니라 일본 고우와 같은 B5 크기다. 테이블 위에 소금통, 시치미통, 꼬치통 등 이것저것 소품이 많이 놓여 있는 상태에서 메뉴판까지 큰 걸로 놓기엔 부담스럽기 때문에 선택한 크기다. 한국에서 일반적으로 사용하는 메뉴판 크기와 모양이 아니기에 소량으로 구매하기가 쉽지 않다. 비싸고 시간이 걸리더라도 일본 업체에서 주문 제작하는데, 처음부터 일반적인 A4 크기로 만들었다면 한국에서 바로 제작하거나 메뉴판 변경이 훨씬 쉬웠을 것이다. 하지만 우리 매장과 어울리는 메뉴판의 중요성을 생각할 때, 이러한 불편함에도 불구하고 그냥 타협하거나 양보할 수는 없었다.

메뉴판의 디자인과 크기를 신중하게 선택해야 하는 또 다른 이유는, 중간에 메뉴판 크기를 변경하면 구성과 레이아웃도 전부 새로 디자인해야 하는 번거로움이 발생하기 때문이다. 그러나 이런 구매의 어려움과 번거로움 이상으로 중요한 것은 메뉴판의 디자인과 크기가 자신의 매장과 브랜드 콘셉트에 잘 부합하느냐이다. 메뉴판 디자인과 크기를 잘 선택하면, 메뉴의 매력이 살아나고 매장의 매출도 극대화될 수 있다.

그리고 메뉴판은 항상 깨끗하게 관리해 최상의 상태를 유지해

야 한다. 너무 당연한 이야기인데도 실제 메뉴판 관리를 소홀히 하는 매장이 너무나도 많다.

고우는 오픈 전 직원 조례를 마치자마자 손님이 들어오시기 전에 모든 세팅이 제대로 되었는지를 확인하는데, 메뉴판의 상태와 속지에 대한 관리 점검은 필수다. 고객들은 평균적으로 최소 6~7번 정도 메뉴판을 펼쳐서 보는데, 고우처럼 기름진 메뉴가 많은 매장은 메뉴판에 기름기가 많이 묻을 수 있다. 손님이 메뉴판을 펼쳐 보는데, 여기저기 기름기가 묻어 있고 끈적거린다면 결코 기분이 좋을 리 없다. 정기적인 점검은 너무 당연하고 영업 중이라도 시간이 될 때는 수시로 확인하고 관리해야 한다. 매장의 제2의 얼굴인 메뉴판을 최상의 상태로 유지해야 매출도 최상으로 올릴 수 있을 것이다.

그리고 메뉴판은 최소 2~3개 정도 별도로 더 준비해둘 필요가 있다. 메뉴판이 갑자기 분실된다거나 웨이팅 손님이 미리 주문하기 위해 메뉴판을 요청하는 경우가 종종 있는데, 여유 없이 테이블 수에만 맞춰서 준비되어 있다면 난감해질 수밖에 없다. 메뉴를 주문하려는 손님 입장에서는 당연히 황당할 것이다. 여유 메뉴판을 만들기 전의 일이다. 만석인 어느 날, 아무리 찾아도 한 테이블에 메뉴판이 없기에 다른 손님께 여기저기 양해 구하며 빌렸는데, 결국 바로 옆 테이블 손님 방석 밑에서 발견한 해프닝도 있었다.

잘 만든 외부 메뉴판은 고객을 부른다

많은 외식업 매장들이 길거리 홍보를 중요하게 생각하며 배너라든지 음식 모형과 같은 다양한 홍보물을 매장 앞에 설치하고 있다. 물론 최근에는 외부 광고의 홍수로 인해 어설픈 홍보물은 오히려 싸구려 매장으로 인식되는 역효과도 생긴다. 눈에 잘 띄지도 않는 작은 간판이 신비주의를 자극하며 유행하기도 한다. 하지만 이러한 신비주의를 일반적인 외식업 매장에 적용하기란 결코 쉽지 않고, 매장에 대한 접근성과 홍보 차원에서도 분명 한계가 있다.

외부 메뉴판은 이럴 때 효과적으로 적절히 활용할 수 있는 좋은 아이템이다. 사실 외부 메뉴판은 메뉴를 소개하는 용도로만 단순하게 취급되는 경우가 많은데, 그건 큰 오산이다. 길을 걷다 보면 외부에 설치한 메뉴판이 아주 독특하거나 유난히 시선을 끄는 경우가 있다. 이런 메뉴판은 행인의 발길을 멈추게 하고 내용에도 시선이 머물기 마련이다.

고우 역시도 외부 메뉴판을 중요하게 생각한다. 고우의 외부 메뉴판은 메뉴를 소개하는 것으로 끝나지 않고 메뉴판과 함께 설치된 고우를 상징하는 초칭(빨간 등)과 닭 모양의 장식 등이 고유의 차별화된 홍보물로서 톡톡히 효과를 내고 있다. 매장 앞을 지나가는 고객들은 예쁜 초칭과 독특한 장식물에 시선이 먼저 끌리게 되며, 다음에는 메뉴판의 내용을 보거나 작은 창문을 통해 매장 내부를 들여다본다.

외부 메뉴판은 관리가 아주 중요하다. 아무래도 외부에 있다 보니 오염되거나 손상되기 쉬워서 내부 메뉴판보다 더 세심하게 관리해야 한다. 오염되거나 손상된 외부 메뉴판은 매장을 찾은 손님의 발걸음을 되돌릴 수도 있다.

메뉴판의 선택은 변경까지 생각한다

외식업 매장에 가보면 가장 일반적인 스타일의 메뉴판부터 아주 독특한 디자인의 메뉴판까지 수많은 종류의 메뉴판을 볼 수 있다. 각각의 메뉴판은 종류에 따라 특징과 장단점이 있는데, 경영자의 개인적인 취향과 운영하는 아이템 등에 따라 메뉴판 스타일을 선택한다.

고우는 삽지 형태의 메뉴판을 사용하는데, 매장 상황이나 외식 트렌드에 맞게 메뉴나 가격을 바로 반영하기 위해 선택이다. 상황에 따라 메뉴나 가격을 자주 변경할 필요가 있다면 해당 메뉴의 페이지를 쉽게 수정해 넣고 뺄 수 있는 삽지 형태의 메뉴판을 추천한다. 그렇지 않고 전체가 한 장으로 연결되어 프린트된 메뉴판이나 한 권의 책자 형태의 메뉴판이라면 수정, 보완이 쉽지 않다. 장사나 디자인의 고수라면 수정과 보완이 그리 어렵지 않을 수도 있겠지만, 외식업 매장을 처음 시작하거나, 아니면 좀 더 손쉽게 메뉴판을 관리하고 싶다면 가능한 삽지 형태의 메뉴판을 선택할 것을 강력히 권한다.

요즘은 메뉴판을 매장에서 바로 출력해 사용하는 경우도 많다. 간단한 메뉴판이라면 본인이 바로 디자인하거나 수정해서 매장에 있는 프린트로 바로바로 출력할 수도 있다. 그러나 대충 하면 절대 안 된다. 메뉴판은 매장을 나타내는 얼굴이라고 누차 강조한 데는 그만한 이유가 있다. 사진이 삽입되어 있는 메뉴판은 가능한 고품질로 인쇄할 필요가 있기 때문이다. 따라서 당장 급하게 매장에서 일단 인쇄해 쓰더라도 추후엔 전문적인 인쇄업체에서 제작한 메뉴판을 사용하기를 권한다.

요즘은 디자인 파일만 있으면 인쇄를 저렴하고 신속하게 해주는 업체들이 많다. 또 부분적으로 디자인을 수정하고 싶은데 내가 직접 하지는 못하고 비싼 디자인 업체를 쓸 여유도 없다면 '크몽' 같은 곳에서 디자이너를 찾아 맡겨도 좋을 것이다. 다만 처음 진행할 때는 어느 정도 품질을 보장해주는 곳에 맡기고 반드시 파일 원본을 받아두어야 한다.

직원의 포지션과 역할을 확실히 정하고 지킨다

직원은 관리의 대상일까?

외식업 매장을 운영하다 보면 많은 어려움에 맞닥뜨리지만, 그 중 가장 어려운 것이 바로 직원 관리인 듯하다. 외식업 경영에 대한 많은 책들을 보면 직원 관리에 대한 노하우나 비결을 언급하며 그 중요성을 특별히 강조하고 있다. 사람에 대한 관리는 모든 사업에서 당연히 중요하겠지만, 특히 외식업에서는 훨씬 더 어렵고 공을 많이 들여야 하는 부분인 것 같다.

나 역시 고우를 오랫동안 운영하고 있지만 직원 관리가 제일 어렵기는 처음이나 지금이나 마찬가지다. 좀 더 솔직히 얘기하자면 누군가에게 묻고 배워서라도 명확한 답을 찾고 싶은 영원한 숙제이기도 하다.

지금까지 많은 직원들이 고우를 거쳐갔다. 사장의 입장에서는 회사에 입사한 직원들이 가능하면 애사심을 가지고 오래 머물러

주기를 바라지만 현실은 그렇지 못한 것 같다. 회사와 직원이 함께 성장해가는 모습은 세상의 모든 사장이 바라는 가장 이상적인 모습일 것이다. 사실 '직원관리'라는 단어가 결코 편치만은 않다. 직원은 '관리'의 대상이라기보다는 어쩌면 '관심'의 대상일 테니 말이다. 그래서 나는 직원들이 조금이라도 즐겁게 일하고 스스로 성장할 수 있는 방법이라든지, 같은 외식업 매장이라면 고우에서 좀 더 만족하고 오래 근무할 수 있도록 하는 방법에 대해 항상 고민한다. 그러나 현실적으로 회사와 직원이 만족하며 함께 성장하는 것은 결코 쉽지 않은 과제다.

"주인이 아닌데 왜 주인의식을 강요해요?"

외식업 사장님들의 모임에 나가보면 가장 많이 듣는 말이 직원들이 주인의식이 없다거나 쓸 만한 직원이 하나도 없다는 하소연이다. 그런데 이런 말을 들을 때마다 근본적인 의문을 가지게 된다. 주인이 아닌 직원들한테 왜 주인의식을 가지라고 하는 것일까?

물론 세상에는 시키지 않아도 알아서 주인의식을 가지고 일하는 뛰어난 직원도 있다. 그러나 대부분은 그렇지 못한 것이 현실이고, 그들이 주인의식을 가질 수 없는 데는 분명한 이유가 있다. 첫 번째는 본질적으로 직원은 진짜 주인이 아니므로 사장과 똑같은 입장이 될 수 없기 때문이고, 두 번째는 구조적으로 직원에게 주인과 같은 권한과 책임이 주어지지 않기 때문이며, 세 번째는 직원에 대한 보상과 동기부여가 제대로 되지 않기 때문이다.

첫 번째는 본질적인 문제이므로 주인과 직원이 서로 바뀌지 않는 한 어쩔 수 없는 부분이지만, 두 번째의 권한과 세 번째의 보상 문제는 사장이 어떻게 하느냐에 따라 크게 달라질 수 있다.

사장인 내가 모든 권한을 꼭꼭 쥐고 하나부터 열까지 직접 의사결정을 하면서, 직원들에게 주인의식과 책임감을 가지라고 강요하는 것은 분명 모순된 행동이고 잘못된 시스템이다. 직원들이 사장처럼 세세한 부분들을 못 보고, 또 보여도 그냥 무시하는 것은 자기 매장이 아니고 자신이 주인의 위치에 있지 않기 때문이다.

사실 이렇게 말하고 있는 나 자신도 처음에는 직원들에게 주인의식을 일방적으로 요구했다. 매장 물품을 내 것처럼 아껴 쓰지 않거나 매장 사정보다는 자신의 입장만을 우선시하는 직원들을 보고 있노라면, 너무 답답한 마음에 주인의식을 가지라는 말을 나도 모르게 하고는 했다. 제대로 된 시스템을 먼저 갖추지 않은 상태에서 내 말이 직원들에게는 받아들이기 힘든 강요가 될 뿐이라는 사실을 알게 되기까지는 많은 시행착오와 시간이 걸렸다.

직원들이 주인의식을 가지거나 회사의 가치관을 함께 공유하길 원한다면, 부모가 아이들에게 본보기를 보여야 하듯이 사장이 먼저 직원들에게 본보기를 보여야 한다. 사장은 항상 일관된 말과 올바른 자세로 직원을 대해야 하고, 직원보다 몇 배는 더 성실히 노력하는 모습을 보여주어야 하며, 쉽게 흥분하거나 화내는 얼굴을 보여서는 안 된다. 또 단지 본보기를 행하는 것만으로 그칠 것이 아니라 정당한 보상과 동기부여도 함께 따라야 한다.

물론 막상 현실은 쉽지 않다. 이렇게 명확한 진리를 알고 있음에도 그대로 실천하기란 너무나도 어렵고, 설사 사장이 본보기를 보이며 어렵게 실천하더라도 직원들이 제대로 알아주거나 당연하게 주인의식을 갖게 되는 것도 아니다. 또 정말 공을 들이고 진심으로 대했던 직원이 어느 날 갑자기 그만두겠다는 이야기를 하면, '직원은 결국 남이고, 필요 이상으로 잘해줄 필요가 없다'는 어떤 사장님의 말이 절실히 느껴지기도 한다.

하지만 그럼에도 불구하고 현재 내 매장에서 나와 인연을 맺고 일해주는 고마운 직원들이다. 브랜드도 중요하고 메뉴도 중요하지만 장사는 결국 사람이 하는 것이고, 외식업 매장에서 가장 비싸고 중요한 자산은 바로 직원이기 때문이다.

각자의 위치에서 최선을 다하게 만드는 것이 최상이다

일반적인 외식업 매장에서 어떻게 하면 직원들의 생산성과 효율성을 최대한 끌어올릴 수 있을까?

시중의 많은 책들은 '직원을 가족처럼 대하라', '투자해서 내 사람으로 만들라' 등 다양한 비법을 이야기한다. 하지만 이런 감성적이고 추상적인 방법들은 보편적일 수도, 지속적일 수도 없다. 냉정한 현실은 일하는 현장에서 공과 사를 결코 혼동해서도 안 되고, 때로는 아끼는 직원을 엄하게 야단치고 혼을 낼 필요도 있다. 애정과 투자로 내 사람을 만들기 위해 정말 노력했다면 직원의 소홀한 행동과 태도에 실망감을 감출 수 없기도 한다. 그렇다고 열심히 임해주는 직원들을 잠시 머무를 사람처럼 생각한다면 이처럼 안타까운 일도 없을 것이다.

그렇다면 어떻게 해야 할까? 내 경험으로는 직원 각자 자신의 역할과 포지션을 제대로 이해하고 각자의 위치에서 최선을 다하게 만드는 것이 최상인 것 같다. 이렇게 직원의 역할과 직원 상호 간의 관계를 잘 정립해서 유기적인 시스템으로 작동하게 만들면, 생산성과 효율성이 높아지고 직원의 불만도 최소화된다.

물론 직원 각자의 성격과 업무를 잘 이해해서 유기적인 시스템을 만드는 것도 사장의 역할이고, 또 언젠가는 떠날 수 있는 직원들이지만 그 속도를 늦추고 몰입할 수 있는 환경을 만드는 것도 사장의 몫이다. 따라서 사장은 직원 각자의 역할과 위치를 누구보다 잘 알고 있어야 한다. 사장은 직원들에게 현실적이고 구체적인 동기부여를 해야 하고, 직원 각자 자신의 위치에서 최선을 다할 수 있도록 지원하고 이끌어줄 필요도 있다.

설령 사장의 마음을 몰라주고 냉정하게 떠날지라도 너무 힘들어하거나 그동안의 노력을 후회하고 쉽게 포기해서는 안 된다. 더 좋은 곳으로 가는 경우라면 기꺼이 축하해주고, 무엇인가 불만을 가지고 떠난다면 다시 초심으로 돌아가 매장을 점검하는 자세로 임해야 한다. 물론 소 잃고 외양간 고치면 안 되기에 평상시에 두루두루 세심하게 살피는 자세 역시 중요하고, 또 한 가지는 직원들이 원하는 만큼 충분히 해주지 못한다면, 사장 역시 직원들에게 거는 큰 기대감을 조금 내려놓는 게 좋다.

직원이 책임의식을 갖도록 하라

나는 직원들에게 주인의식이 아닌 직원으로서의 책임의식을 갖게 하려고 노력하는 편이다. 이 방법은 고우를 경영하면서 수없이 많은 시행착오를 겪고, 또 상처받고 고민하기를 반복하는 과정에서 나름 깨달은 결론이다.

책임의식이란 말 그대로 자신이 해야 할 일, 또 한 일에 대해 스스로 책임감을 가지고 행동하는 것을 말한다. 사회생활을 하는 성인이라면 사적이든 공적이든 나이가 많든 적든 간에 기본적으로 책임의식을 가지고 있기 마련이다. 당연히 외식업 매장에서 일할 때도, 직업인으로서 반드시 지켜야 할 자세이자 기본이 되는 정신이 바로 책임의식이다. 직원들이 각자 맡은 일에 최선을 다하고 자신의 역할과 책임의식을 잊지 않는다면, 각자의 위치에서 중심을 잡고 본연의 역할을 충실히 수행할 수 있다.

매장을 계속 운영하다 보면 일부 사장들은 직원들에게 일정 부분 투자를 하게 하는 경우도 있다. 일부라도 투자한 직원은 지분이나 이익에 대한 할당이 있기 때문에 주인의식을 가지고 열심히 일하게 된다고 한다. 하지만 이런 식의 투자 참여는 직원과의 분쟁 등 또 다른 심각한 문제를 야기하는 경우도 많아서 쉽게 선택하기 어려운 측면도 있다.

결국 직원이 주인의식을 가지도록 하는 방법에만 집착하기보다는 직업인으로서 책임의식을 가지고 일하도록 하는 것이 보다 효과적이고 쉬운 방법이다. 물론 직원들이 이러한 책임의식을 가지도록 하기 위해서는 직원의 역할이 중요함을 인지시키는 작업이 선행되어야 한다.

매장의 룰과 업무 매뉴얼을 만들어 게시하자

오너 셰프이든 아니든 사장이 매장 운영의 하나부터 열까지 일일이 에너지를 쏟으면 운영하기가 매우 버겁고 힘들어진다. 직원들도 마찬가지다. 정해진 규칙이나 명확한 업무 매뉴얼 없이 일하면, 조금만 상황이 달라져도 그때마다 사장의 지시를 받거나 눈치를 봐야 한다. 또 직원들은 반복되는 동일한 실수에도 서로 책임을 미루고 다양한 핑계를 대며, 이를 지적하는 사람이나 받아들이는 사람 모두 각자의 입장이 달라 서로 충돌하고 결국 관계가 나빠질 수밖에 없다.

따라서 직원들이 책임의식을 가지고 올바르게 일하도록 하기 위해서는 직원의 역할과 위치를 확실히 정해주는 작업이 선행되어야 한다. 이러한 역할과 포지션을 정해주는 것만으로는 서로 업무가 상충되거나 공백이 생길 수도 있기 때문에 반드시 직원의 역할과 관련된 명확한 매장의 규칙과 업무 매뉴얼도 함께 정해두어야 한다. 직원들에게 항상 따뜻한 배려와 격려는 필요하지만, 업무를 함에 있어서는 공과 사를 구분하고 일에 대한 부분을 보다 명확히 할 필요가 있다. 따라서 경영자는 원칙과 규칙을 수립한 후 이에 따라 매장을 운영해야 한다.

매장에서 지켜야 할 규칙은 문서로 작성해 직원들 눈에 잘 띄는 곳에 붙여놓는 게 좋다. 앞에서도 언급했듯이 아무리 작은 매장이라도 시스템에 따라 움직여야 한다. '우리 매장의 규칙', '고우 식구들의 약속' 등 이름을 붙여 게시하면, 일하는 중간중간 보게 되어 각인 효과를 줄 수 있다. 단, 매장의 규칙을 만들 때는 사장이 일방적으로 하달하는 방식이어서는 안 된다. 서로 이해할 수 있는 기준을 정하고, 이에 대해 사전 협의하는 과정을 거치는 것이 바람직하다.

스스로 정하고 합의한 규칙이 있을 때 책임의식을 가지고 일에 집중하게 되며, 이를 어기더라도 본인 스스로 인정하고 반성할 수 있어 똑같은 실수를 반복하지 않게 된다.

외식업에서 생동감은 필수다

고우의 생명은 왁자지껄한 생동감

최근 한국의 꼬치구이 매장들을 살펴보면 경쟁적으로 오마카세나 하이엔드를 추구하는 경향이 있는 것 같다. 자신의 브랜드를 어느 위치에 포지셔닝하느냐에 따라 마케팅 전략은 서로 다르겠지만, 하이엔드를 추구하는 매장들은 조용한 분위기와 값비싼 서비스라는 공통적인 특징을 가지고 있다. 사실 이런 비싼 매장에 들어가면 왠지 떠들면 안 될 것 같고 자기도 모르게 주변을 의식하게 되는데, 매장 분위기에 짓눌리는 이런 곳은 개인적으로 음식의 맛을 떠나 결코 편하게 느껴지지 않는다.

고우가 추구하는 콘셉트는 일본 정통 야키토리 문화를 구현해서 고객들이 현지의 분위기를 제대로 느끼는 것이다. 따라서 고우는 하이엔드와 캐주얼의 중간 정도에 포지셔닝하고 가격도 거기에 맞추고 있다. 고객의 성별과 연령층에 따라 조금 비싸다거나 상대

적으로 가성비가 좋다거나 하는 서로 상반된 평가를 받고 있지만, 다른 하이엔드 매장의 경험과 비교하는 직장인 고객들은 상대적으로 뛰어난 맛과 서비스에 아주 만족해하는 편이다. 특히 고우가 추구하는 콘셉트와 서비스에 대해서는 대부분 우호적이고 높게 평가하는데, 고우를 방문한 고객들이 공통적으로 좋아하는 것 중에 하나가 바로 일본 이자카야 특유의 생동감이다.

고우의 메뉴는 퓨전보다 전통을 고수하고, 서비스는 일본 특유의 친절함과 생동감을 최대한 구현한다. 고우의 이런 메뉴와 서비스는 한국의 다른 이자카야나 하이엔드 오마카세에서 느낄 수 없는 일본 현지 선술집에 있는 것 같은 독특한 매력을 느끼게 한다.

손님들이 일본식 이자카야에서 경험하고자 하는 이미지에 부합하는 것이다. 여기서 생동감은 커다란 역할을 한다. 고우의 생동감은 일본 음식을 단지 일본식 분위기의 매장에서 맛보는 데 그치는 것이 아니라, “일본에 온 것 같아!”, “일본 이자카야에서 먹는 것 같아!”라는 말을 하게 만드는 주요한 원동력이다.

고우의 생동감을 한마디로 표현하면 바로 ‘왁자지껄함’이라 할 수 있다. 왁자지껄함은 소란스러움이나 시끄러움과는 전혀 다른 분위기로, 생동감과 즐거움이 함께 녹아 있어야 한다. 고우는 이런 왁자지껄한 생동감을 고객이 불편하지 않도록 세심함과 친절함으로 잘 포장해서 보여준다. 일본의 직장인들이 퇴근 후 찾아가는 일반적인 이자카야는 우리의 술집과 마찬가지로 상당히 소란스럽고 왁자지껄하다. 이자카야는 직장인들이 낮에 일하면서 받은 스트레스를 술 한잔으로 풀고, 오랜만에 만난 친구들이 함께 즐거운 대화를 나누고, 젊은 연인들이 서로 사랑을 속삭이는 장소다. 그런데 이런 이자카야의 직원들이 축 처져 있거나 손님보다 더 분위기를 잡고 있으면 되겠는가!

적어도 일본의 정통 이자카야를 추구한다면 하이엔드 식당이나 오마카세의 분위기를 어설프게 따라 할 것이 아니라 제대로 된 왁자지껄함과 시끌벅적한 생동감을 보여줘야 한다.

생동감이 없으면 고객도 우울하다

지금은 사라졌지만 10년 전 홍대에 있었던 '텟벤'이란 이자카야를 기억하는 사람들이 많을 것이다. 매장 직원들의 활기찬 인사와 생동감 있는 서비스는 정말 대단했는데, 그 독특한 분위기 하나만으로도 당시 모든 외식업 종사자들이 한 번씩은 방문해야 하는 벤치마킹의 대명사였다.

이 서비스가 너무도 궁금해 배우고 싶어서 대학원 방학 때 남성역 앞에 있었던 '섬마을이야기' 매장에서 일한 적이 있다. 텟벤 홍대 1호점 오픈전에 본사 대표님이 텟벤 서비스의 도입을 요청해 일본 텟벤에서 직원이 파견 나와 그 시스템을 매장에 적용시켰다. 결코 쉽지 않은 하루하루의 일정이었지만 정말 값진 경험이었다.

이런 매장을 방문하는 고객들은 결코 우울해하거나 근심에 빠져 있을 수 없다. 생동감이 없고 분위기만 잡고 있는 매장에서는 아무리 비싸고 맛있는 음식을 대접받더라도 우울한 기분까지 나아지지 않는다. 외식업 매장은 단지 맛있는 음식만을 파는 게 아니라 활기차고 생동감 넘치는 모습을 함께 보여줄 때 고객도 비로소 즐거워서 다시 찾게 된다.

사실 외식업 매장의 분위기는 그 매장을 운영하는 콘셉트의 결과물이라고 할 수 있다. 하이엔드 레스토랑이나 최고급 오마카세라면 조용한 분위기에 비싼 메뉴와 주류가 자연스럽게 따라올 수밖에 없다. 물론 높은 가격을 지불하며 조용한 분위기의 식사를 더 선호하는 고객들도 있을 테니 그런 차분한 매장도 당연히 필요할 것이다.

〈일본 이자카야 톱 100〉은 이자카야를 운영하는 사람들이 놓치지 않고 즐겨 본 일본 프로그램이다. 진행자 오타 카즈히코는 1회당 2개 정도의 이자카야를 소개하는데, 일본 최고 이자카야의 맛있는 음식, 진행자의 해박한 사케 지식, 제철 음식과 사케의 탁월한 조합 등을 보고 있노라면 이자카야와 사케의 매력에 흠뻑 빠져들게 된다. 물론 톱 100에 선정될 정도의 이자카야들은 대부분 수십 년의 오랜 전통을 가지고 있는 매장들이고 분위기는 대체로 차분하면서 앤틱하다.

반면 일본 인기 드라마 〈고독한 미식가〉를 보면, 유쾌하고 재미있는 일본 외식업 매장 특유의 생동감을 잘 느낄 수 있다. 주제에 따라 다소 차이는 있지만 실제 일본 음식점의 분위기와 매력을 보다 리얼하게 보여주고 있는데, 그 생동감으로 인해 단지 드라마를 보는 것만으로도 일본 현지에 있는 것 같다.

일본 현지에서도 야키토리 이자카야는 서민적인 분위기와 왁자지껄한 생동감이 가장 본질적인 매력이자 생명이다. 그래서 고우는 일본 정통 야키토리 그대로의 생동감이 넘치는 매장을 콘셉트로 한다.

고우를 방문한 대부분의 손님들은 정말 일본 현지 이자카야에 온 것처럼 활기가 느껴진다고 말한다. 물론 간혹 이런 생동감을 소란스러움으로 느끼는 손님들도 있을 것이다. 모든 손님들을 만족시킬 수 없다는 것이 안타깝지만, 어쨌든 고우가 추구하는 콘셉트는 바로 생동감이며 가장 중요한 차별 요소이기도 하다.

외침에도 순서가 있다

고우의 생동감은 직원들의 인사와 구호, 야키다이와 주방의 활력, 꼬치의 뽀얀 연기 등 매장에서 보여주는 모든 활동에서 비롯된다. 특히 직원들의 우렁찬 일본어 구호는 다른 무엇보다 중요하고 의미가 있다. 기본적으로 직원들 간의 커뮤니케이션 수단도 되지만 서로 격려하고 파이팅하며 매장의 분위기를 더욱 생동감 넘치게 만드는 역할을 한다. 사실 한국의 일본 외식업 매장에서 일본어로 구호를 외치는 것은 이제 너무 자연스러운 모습이지만, 고우가 처음 오픈했던 불과 10년 전만 해도 매우 생소한 풍경이었고 일본 현지에 가서야 접할 수 있는 경험이었다.

고우에 있다 보면 직원들의 외침 소리가 비슷한 패턴에 따라 주기적으로 반복되는 것을 알 수 있다. 손님이 매장에 들어와서 나갈 때까지 시간과 상황에 따라 변화하는 서비스를 중심으로 매뉴얼화되어 있으며, 다음과 같은 다양한 구호들이 있다.

오아토데스!

'오아토데스'는 '손님이 들어오시니 맞이할 준비를 하세요'라는 우리끼리의 의사소통인데, 홀 직원들의 주의를 환기시키고 긴장하게 만드는 역할을 한다. 가늘고 긴 창문과 출입문을 통해 손님들이 들어오는 것을 보면 누구든지 먼저 외친다.

요, 이랏샤이

손님이 매장에 들어오면 제일 먼저 맞이하는 홀 직원이 "나나방니 삼메이사마데스. 고안나이 시마스! 마이도!(7번 테이블에 3명 들어가십니다. 안내해드리겠습니다.)"를 외치고 모든 직원이 "요, 이랏샤이!(어서옵쇼)"를 큰 소리로 함께 복창하는데, 손님을 환영하는 고우의 기본 인사말이다.

어느 외식업 매장을 가더라도 기본적인 인사는 받게 된다. 하지만 고우를 방문하는 손님들은 바로 이 인사말에서부터 일본 현지에 와 있는 것 같은 강렬한 첫인상과 함께 제대로 대접받는다는 기분을 느끼게 된다. 이때 직원 전체가 밝고 활기찬 목소리로 함께 외치는 것이 중요하다.

나마 잇쵸! 하이볼 잇쵸!

손님이 주문을 끝내면 감사하다는 말과 함께 일어난 후 드링크 쪽과 주방 쪽을 향해 "나마 잇쵸!(생맥 한 잔)", "하이볼 잇쵸!(하이볼 한 잔)"와 같이 주문한 메뉴를 크게 외친다. 이렇게 외치는 이유는 손님의 주문 내용을 직원 모두에게 환기시키고, 주문서를 전달하기 전에 미리 준비해서 메뉴를 빨리 제공할 수 있도록 하며, 주문을 하는 과정에서도 고우의 생동감을 다시 보여주기 위함이다.

야키! 요리(데마스)!

주문받은 메뉴가 준비되면 각 파트의 담당자는 "드링크 데마스", "야키, 요리!"와 같은 구호를 외친다. 주류와 같은 드링크 메뉴나 야키와 같은 주메뉴가 준비되었으니 '손님께 어서 제공해드리세요'라는 신호다. 이 신호를 들은 홀 직원은 설거지를 하다가도 하던 일을 잠시 멈추고 주방으로 들어와 메뉴를 먼저 제공한다. 주문한 요리를 손님께 제공할 때는 "맛있게 드세요"를 크게 외쳐야 하며, 주변의 다른 스태프들도 "맛있게 드세요"를 함께 따라 복창한다.

잇떼 이랏샤이, 오카에리나사이

손님이 화장실에 가거나 담배를 피우기 위해 잠깐 나갈 때는 "잇떼 이랏샤이(다녀오세요)"를 외치고, 손님이 나갔다 다시 들어올 때는 "오카에리나사이(다녀오셨어요)"라고 외친다. 이런 인사말은 우리와 다른 문화라 다소 어색해하는 분도 있지만, 고우는 일본 야키토리 매장의 인사말과 문화를 그대로 전파하고 있으며 이제는 손님들 대부분이 그 자체를 자연스럽게 받아들이고 즐긴다. 일본 외식업 매장에서는 특히 화장실을 아주 중요하게 생각하고 있는데, 이태원 본점은 건물 구조상의 문제로 건물의 공용 화장실을 같이 이용하는 부분에 대해서는 항상 손님들께 죄송하다는 생각을 가지고 있다. 그래서 최대한 불편을 덜 드리도록 직원들이 화장실 입구까지 직접 안내하고, 고우 인사말 중 하나인 '잇떼 이랏샤이'로 분위기를 반전시킨다.

○○상 오타치!

손님이 계산하려고 일어서면 홀이나 근처에 있는 직원이 "○○상 오타치데스"라고 외친다. 이것은 손님이 식사를 마치고 나가려고 하니 출입문 쪽을 담당하는 직원은 계산 준비를 하고 다른 직원들도 배웅할 준비를 하라는 의미다. 손님이 계산을 기다리는 불편이 생기지 않도록 하고 테이블 정리도 신속하게 진행할 수 있다.

오갸사마 오카에리데스!

어떤 외식업 매장이든 마지막 인사는 아주 중요하다. 손님이 계산을 끝내고 나가실 때는 "오갸사마 오카에리데스"라고 출입구 담당 직원이 크게 외치고 나머지 스태프들은 모두 함께 "감사합니다"라고 복창하며 마지막 인사를 한다. 손님에 대한 고우의 마지막 인사말은 '감사합니다'로 정하였다. 처음엔 '아리가토우고자이마스'라고 하였지만 길어서 복창하기가 쉽지 않았고 한국어로 마지막 인사말을 하는 것도 의미가 있다고 생각되어 마지막 인사만큼은 일본어 구호와 한국어 복창으로 진행한다.

디지털 세상에서 아날로그를 추구한다

고우는 디지털보다 아날로그를 추구한다. 개인적으로 아날로그는 불편하지만 생동감과 정감이 느껴지는 반면에, 디지털은 편리하지만 왠지 차갑고 냉정하게 느껴진다. 물론 디지털이나 자동화된 시스템은 아날로그에 비해 분명히 편리한 측면이 많지만 그만큼 치명적인 한계도 있다.

고우에서 가장 아날로그를 느낄 수 있는 부분 중에 하나가 바로 '주문서'이다. 요즘에는 많은 매장들이 전자식 패드를 이용해 주문을 받기도 하지만, 포스에 입력하면 주방 프린터에서 주문서가 나오고 조리가 시작되는 일반적인 방식은 고우에 잘 맞지 않는 것 같다. 그래서 고우는 일본 현지의 이자카야에서나 찾아볼 수 있는 분할식 수기 주문서를 고집하고 있다.

이런 고우의 주문서는 손님들에게 재미를 주고 우리의 콘셉트를 잘 나타내는 효과도 아주 크다. 손님이 메뉴를 주문하면 주문서에 하나씩 기재한 후 주방 메뉴, 야키 메뉴, 드링크 메뉴로 각각 분할하는데, 이것이 손님에게 작은 재미와 호기심을 선사한다. 또 주문을 받은 직원은 드링크, 메인 요리 등 주문 메뉴들을 크게 외치며 주방과 야키 파트 등에 주문서를 직접 전달한다. 이러한 외침과 전달은 손님에게 고우의 생동감을 느낄 수 있게 하고, 보다 신속한 조리와 음식 제공으로 매장의 활기와 고객 만족도를 더욱 높이는 역할을 한다.

그리고 고우는 직원을 뽑을 때 여러 가지 포인트들이 있지만,

직원의 긍정 마인드, 쾌활한 성격, 일본에서의 경험 등을 중요하게 생각한다. 고우의 생동감을 표현하는 것은 결국 직원인데, 밝고 적극적이며 재미있는 직원이 당연히 매장에 생동감과 활력을 더 불어넣을 수밖에 없다. 특히 일본에서의 경험은 고우가 중요시하는 생동감과 서비스 마인드를 구현하고 일본의 야키토리 문화 콘텐츠를 전달하는 데 커다란 역할을 한다.

부지런함, 세심함, 신속함은
매장 운영의 3가지 철칙

매장 운영자가 가져야 할 자세

예전에 외식업 CEO들을 대상으로 한 포럼에서 매장의 운영자가 가져야 할 자세나 지켜야 할 원칙에 대해 토론할 기회가 있었다. 포럼에 참석한 CEO들은 각자 자신의 생각을 이야기했는데, 장인정신을 가져야 한다, 직원 교육을 잘해야 한다, 항상 변화해야 한다, 신뢰하고 소통해야 한다 등 아주 다양했다.

나는 그 자리에서 부지런함, 세심함, 신속함이라는 3가지 원칙을 이야기했다. 사실 CEO들이 이야기한 내용들은 어느 하나 중요하지 않은 것이 없다. 다만 내가 고우를 운영할 때 먼저 솔선수범해서 지켜왔고 또 항상 강조해온 것이 바로 '매장 운영의 3가지 철칙'이었기에, 바로 이것에 대해 이야기했던 것이다.

'부지런함'은 근면과 성실에 관한 것이다. 특히 외식업은 부지런하지 않으면 하기 힘든 사업이며, 실제 매장을 운영하는 분들을 보면 대부분 근면성실하다. 부지런함에는 어떠한 편법도 통하지 않고 최상의 왕도도 찾을 수 없다. 여기서 부지런함이란 새벽부터 밤까지 다람쥐 쳇바퀴 돌듯이 아무 생각 없이 무작정 일하는 것을 의미하지는 않는다. 부지런함도 분명한 목표와 방향을 가지고 있어야 하고 최고의 성과를 낼 수 있는 수단과 방법에 따라야 한다.

'세심함'은 디테일과 배려에 관한 것이다. 의외로 디테일을 등한시하는 분들이 꽤 많다. 음식의 맛은 매일 똑같을 수 없다거나, 그릇과 데커레이션은 그게 그거라거나, 젓가락을 가로로 놓든 세로로 놓든 무슨 차이냐고들 한다. 하지만 음식의 맛은 한결같아야 하고, 서비스는 친절해야 하며, 이로써 손님의 기분은 항상 즐거워야 한다. 그것을 좌우하는 것이 바로 디테일과 섬세한 배려다. 그런 사소한 것들이 음식의 맛을 크게 달라지게 하고 손님이 매장을 다시 찾지 않게 만든다.

'신속함'은 속도와 예측에 대한 것이다. 편하고 여유 있게 식사를 즐겨야 하는 외식업 매장에서 갑자기 웬 신속함이냐고 말할지도 모른다. 또 속도를 강조하다 보면 음식과 서비스의 퀄리티가 낮아질 거라고 생각할 수도 있다. 여기서 강조하는 신속함은 음식의 맛이나 서비스의 퀄리티와는 결코 상충하지 않는 완전히 별개의 개념이다. 외식업 매장은 음식을 최대한 신속히 제공해야 하고, 손님의 니즈를 미리 파악해야 하며, 손님이 찾기 전에 먼저 서비스해야 한다. 그렇게 해야 비로소 고객의 불만이 사라지고 매장 운영의 효율성이 높아진다. 사실 고우는 주문과 함께 조리가 시작되는 메뉴가 대부분이기에 메뉴 제공 시간이 빠른 것은 결코 아니다. 단지 여기서 강조한 것은 절대적인 신속함이라기보다 우리 매장에서 수준 높은 맛을 유지하기 위한 최선의 신속함이라고 말할 수 있다.

사실 여러 CEO들의 생각이 다양한 것처럼, 매장 운영의 원칙은 경영자의 가치관이나 매장 상황에 따라 다르다. 중요한 것은 이 원칙들이 단지 추상적인 구호로만 그치는 것이 아니라 실제 현장에서 구체적인 행동으로 실천되어야 한다는 것이다.

매장에서는 계속 움직여라

외식업 매장의 하루는 주문을 받고, 음식을 만들고, 치우며 정리하는 일의 끝없는 반복이다. 또 음식점의 위생은 음식 자체만이 아니라 직원의 복장, 주방의 청결 상태, 집기와 그릇 등 모든 것에서 나타난다. 따라서 외식업 매장을 제대로 잘 운영하기 위해서는 정말 부지런하지 않으면 안 된다. 사실 아무리 인기 있는 매장이라 할지라도 오픈하자마자 손님이 밀려들지는 않을 것이다. 그런데 매장이 바빠지는 피크타임을 제외하고는 사실 부지런함과 거리가 먼 경우가 많다. 특히 장사가 잘 안 되는 매장에서는 사장이나 직원이나 휴대폰을 손에 들고 시간을 보내기 일쑤다.

고우의 직원들은 매장 내에 그냥 서서 대기하거나 부동자세로 수동적인 응대를 하는 것이 아니라 눈과 귀는 손님을 향하고 손과 발은 쉼없이 계속 움직인다. 테이블의 빈 접시는 바로바로 치우고 손님들의 신발은 계속 가지런히 정리한다. 아직 손님이 들어오기 전이라든지 조금 한가한 시간에도 마찬가지다. 매장의 직원들은 손님이 있거나 없거나 이곳저곳을 반복해서 닦고 놓친 부분이 없는지를 계속 확인하며 분주하게 움직인다. 이렇게 계속 움직이면 매장에 활력이 돈다. 손님 중에는 사람이 적은 매장에 들어오기를 주저하는 분들도 있는데, 이렇게 안에서 부지런한 모습을 보이면 손님도 부담 없이 들어오게 된다. 특히 고우의 이미지 중의 하나는 활기찬 생동감인데, 매장에서 보여주는 이런 부지런함은 고우의 생동감과도 아주 잘 어울린다.

골목 청소로 신뢰를 얻자

장사를 하는 사람이 자신의 매장 앞을 청소하는 것은 너무 당연하다. 하지만 고우는 자신의 매장 앞만 청소하고 끝내는 것이 아니라 매장 주변까지 같이 청소한다. 그리고 그 청소는 영업 전에 한 번만 하는 것이 아니라, 영업 중에도 매 시간 직원들이 돌아가며 청소하고 출입문 앞 리스트에 체크하며 관리한다.

이태원 상권은 기본적으로 유동 인구가 많고 주말에는 청소하고 돌아서면 금방 쓰레기가 버려질 정도라서 그냥 두면 골목 전체가 순식간에 지저분해지기 일쑤다. 그래서 고우의 직원들은 매 시간 빗자루와 쓰레받이를 들고 나가 매장 앞과 주변을 쓸고 있다.

물론 매장의 영업 자체만으로도 너무나 바쁘고 분주하지만, 우

리가 조금만 더 희생해서 주변을 청소하고 관리하면 골목 전체가 빛이 나고 손님들은 즐거워진다. 비록 그 손님이 옆 매장을 방문하거나 단지 골목길을 지나가는 사람일지라도, 우리의 청소로 골목이 깨끗해지고 누군가 즐거워질 수 있다면 고우도 즐겁다.

결과적으로 우리의 이런 모습으로 인해 고우의 이미지는 더 좋아졌고 주변 매장들의 신뢰도 받게 되었다. 사실 주변의 사장님들이 청소하는 우리 직원들을 칭찬하거나 '이러니 고우에 손님이 많지'라고 말해주실 때는 이것을 의도하고 한 일은 아니지만 우리의 기분도 덩달아 좋아지고 뿌듯함을 느낀다. 매장을 운영할 때는 인터넷에 올라간 평점만이 중요한 것은 아니다. 이렇게 '고우는 부지런한 매장이다', '고우의 직원들은 부지런하다'라는 오프라인 평판이 쌓이게 되면 결과적으로 우리 브랜드에 대한 평가도 올라가는 것이다.

매일 매장을 홍보하자

개인 브랜딩이 더할 나위 없이 중요한 시대다. 지금은 SNS가 활발해지면서 개인도 유튜브 하나만으로 연봉 1억 원 이상을 쉽게 벌고, 유명한 인플루언서는 홍보를 위해 서로 모셔가려고 한다. 더구나 코로나19 이후 외식 시장은 온라인을 중심으로 변해가고 있다.

이제 브랜드와 매장의 홍보는 직접 관리해야 한다. 오프라인에서 매장 앞을 매일 청소하고 화단을 가꾸듯이, 온라인에서도 매장의 이미지를 잘 구축하고 꾸준히 관리해야 한다. 하지만 많은 경영자들이 시간을 내기 어렵다는 이유 등으로 매장을 꾸미는 데 쓰는 정성에 비해 온라인상의 브랜드 관리는 의외로 소홀히 한다.

오늘 만든 음식, 직원들이 일하는 모습, 매장 풍경과 주변 골목의 분위기 등 자신의 매장을 홍보할 소재는 너무나도 많다. 이렇게 누구나 쉽게 무료로 홍보할 수 있는 SNS가 넘치는 시대에 사는 우리에게, 시간과 돈이 없다거나 어떻게 하는지 잘 모르겠다는 변명들은 단지 자신의 게으름을 정당화하는 핑계에 불과하다.

주제에서 조금 벗어난 이야기일지 모르지만, 내가 바라는 이상적인 고우의 모습은 사회에 공헌하며 상생하는 브랜드가 되는 것이다. 그래서 나는 이런 가치관을 가지고 큰 금액은 아니지만 개인적으로 또 회사 차원에서 어려운 사람을 돕는 일에 정기적으로 일정 금액을 기부하고 있다. 최근에는 이태원 동사무소와 '나눔가게' 협약을 맺고 이태원동의 어려운 이웃들에게 음식을 제공하는 활동을 했는데, 이 일로 용산구청장님의 큰 상까지 받게 되었다.

당연히 상을 받기 위해 한 일은 아니었지만 결과적으로 고우의 이미지를 좋게 하고 주변에도 고우를 알리는 효과도 가져오게 되었다. 사실 작게나마 착한 일도 하고 이로서 홍보도 되면 이것만큼 남는 장사도 없는 것 같다.

세심함이 경쟁력이다

일본이나 일본인 하면 무엇이 가장 먼저 떠오르는가? 나에게 떠오르는 대표적인 이미지 중에 하나는 바로 '세심함'이다. 일본 여행을 가본 사람들이라면 누구나 느꼈을 텐데, 작은 선물 하나를 사더라도 상품의 정교함과 포장의 섬세함에 깜짝 놀라게 된다. 물건을 만드는 것부터 마지막 포장까지 세심함은 세계 어느 나라도 쉽게 따라갈 수 없을 것이다.

몇 년 전 일본에 온천 여행을 가서 료칸에 머문 적이 있다. 료칸 여주인의 안내를 받아 들어가는 순간부터 어쩜 이런 부분까지도 신경을 썼을까 싶을 정도로 놀라움을 금치 못했다. 여주인의 세심한 응대와 고객을 위한 룸 세팅, 그 모든 것이 너무나 완벽해서 그때 받은 감동은 지금까지 내 머릿속에 박혀 있다.

고우는 일본 브랜드다. 따라서 고우의 메뉴와 서비스에는 일본 특유의 세심함이 그대로 녹아들어 있다. 단순히 꼬치구이의 본고장 일본을 내세우거나 그 모습만을 재현하는 것이 아니라, 모든 메뉴와 서비스는 하나부터 열까지 일본 현지의 세심함을 그대로 보여주고 있는 것이다.

요즘 소비자들의 눈높이와 수준은 예전에 비할 바가 아니다. 손님들은 다양한 요식업 문화를 경험하고 서로 의견을 공유한다. 과거에는 내가 경험해본 곳만 아는 정도였지만, 지금은 가보지 않고도 SNS에 올라와 있는 수많은 정보들을 통해 간접경험을 할 수 있다. 이제는 가만히 멈춰 있으면 중간이라도 가는 것이 아니라, 썰물처럼 순식간에 뒤처지게 되는 무서운 시대가 되었다.

따라서 외식업 매장들은 당장 손님을 유지하기 위해, 또 계속 살아남기 위해 처절하게 발버둥치고 경쟁할 수밖에 없는데, 여기서 세심함은 무엇보다 강력한 경쟁력이 될 수 있다.

꼼꼼함이 지나칠 때까지

세심함은 디테일을 요구한다. 디테일은 아무리 강조해도 지나치지 않다. 매장을 운영하는 사람은 사소한 것 하나라도 꼼꼼하게 확인하고 준비해야 한다.

고우는 오픈을 하면 출입문부터 신경 쓴다. 영업 시작을 알리는 노렌이 제대로 걸려 있는지, 한쪽으로 밀리진 않았는지, 손때가 타지 않았는지 등을 하나하나 유심히 살핀다. 또 매장의 조명도 그냥 불을 켜는 것으로 끝내는 것이 아니다. 매장 내부의 조명은 시간별로 적당하게 조절되어 있는지, 외부 간판등이 약하거나 깜빡이지는 않는지, 외부 메뉴판 밑에 있는 초칭(빨간 등)이 제대로 잘 켜져 있고 상태는 괜찮은지 등 세세한 부분들을 꼼꼼히 확인한다.

매장 안에서의 꼼꼼함은 훨씬 더 필요하다. 테이블 위에 메뉴판

이 앞뒤가 바뀌지 않고 똑바로 놓여 있는지, 소금통과 시치미통이 나란히 놓여 있고 제대로 채워져 있는지, 방석이 가지런히 놓여 있는지 등 기본적인 부분부터 먼저 살피는데, 이런 기본 사항들은 조금의 차이도 눈에 거슬린다. 너무나도 당연한 이런 기본을 소홀히 하거나 가끔 놓치는 경우도 많으므로 기본과 관련된 부분은 빼놓지 말고 꼼꼼히 확인해야 한다. 기본을 점검했다면 진열대 위의 작은 소품 하나하나까지 제대로 된 위치와 방향인지도 살핀다. 쓰러져 있지는 않은지, 방향이 틀어져 있지는 않은지, 먼지가 있지는 않은지 등등 세심하게 확인한다.

이렇게 하나부터 열까지 꼼꼼히 살피고 또 살피는 나의 습관은 직업병이 되어 다른 가게에 들어가서도 그대로 적용된다. 그래서 처음 들어간 매장에서 주문을 한 후 기다리는 동안 매장 곳곳을 스캔한다. 장식물 등이 가지런히 놓여 있는지, 먼지가 있는지 등 일부러 보려고 하지 않아도 자연스럽게 눈에 들어온다.

어떤 사람은 꼼꼼함이 너무 지나쳐서 힘들지 않느냐고 묻기도 한다. 하지만 여기서의 꼼꼼함은 우리 매장을 찾아주시는 손님을 위한 것이고 손님의 눈높이가 기준이 되어야 한다. 우리의 관리 소홀로 인해 손님의 눈살을 찌푸리게 하는 것은 결코 용납할 수 없는 시대다. 이런 꼼꼼함의 자세야말로 손님들이 고우를 신뢰하고 찾아주는 바탕이라고 생각한다.

예약부터 후기까지 모든 과정을 놓치지 않는다

고우의 세심한 손님 응대는 손님이 예약을 하는 순간부터 시작된다. 고우는 예약부터 웨이팅, 입장, 식사, 퇴장, 방문 후기까지 모든 과정을 어느 하나도 소홀히 하지 않고 살핀다. 예컨대 손님이 예약을 하면 메모의 요청 사항을 꼼꼼히 확인한다. 고객들이 이용하는 데 착오가 없도록 방문 당일 예약 확인 문자가 간 후, 손님께 확인 전화를 한다. 출입문 바로 앞 좌석처럼 불편하실 수도 있는 좌석은 미리 양해를 구하고 확정을 한다.

특히 요즘에는 네이버 예약과 같은 모바일 예약 앱들이 많이 사용되면서 노쇼(No-show)가 사회적인 문제로까지 대두되고 있다.

외식업 매장 입장에서는 손님이 예약을 해놓고 나타나지 않으면 예약석으로 잡힌 테이블에 다른 손님을 받을 수도 없고 식재료나 인력 낭비도 생길 수밖에 없어서 고스란히 피해를 보게 된다. 고우의 세심한 예약 확인은 손님에 대한 배려뿐만 아니라 노쇼 문제를 최소화하는 효과도 있다.

세심함에 신경 쓰는 또 한 가지는 바로 웨이팅이다. 웨이팅 리스트에 적은 순서에서도 현장 대기가 우선이고 현장 대기가 없을 시엔 순으로 손님께 일일이 전화를 드려서 입장 의사를 확인한다. 고우는 매장이 작고 술을 마시는 곳이라 테이블 회전이 빠르지 않은데, 좁은 골목길에서 무작정 기다리기만은 어려워 주변을 구경하거나 다른 매장에 잠깐 있으면서 전화를 달라고 하는 손님들이 많다. 고우를 방문하고 싶어 하는 이런 분들의 마음을 알기에 바쁘더라도 전화로 손님의 방문의사를 명확히 확인한다.

매장 입장 이후에는 예약 좌석까지 안내하기, 의자를 앉기 편하게 살짝 빼드리기, 겉옷과 가방 등을 바구니에 넣어드리기, 손님이 벗어놓은 신발들을 가지런히 정리하기, 눈높이로 메뉴 안내 및 주문받기 등 고우의 세심한 서비스가 매뉴얼에 따라 순차적으로 이루어진다. 특히 손님들이 화장실에 가거나 담배를 피우기 위해 신발을 신고 벗기를 반복하지만 그때마다 몇 번이고 신발 정리를 하는데, 이렇게 반복적인 서비스들은 너무 당연한 일이어서 횟수에 상관없이 한결같이 세심하게 신경쓴다.

고우의 응대는 손님이 매장을 나가는 순간 끝나는 것이 아니다.

여러 온라인 채널 등을 통해 고객 만족도 확인하기, 고객 리뷰에 댓글 달기, 블로그 내용 확인 및 응대하기 등 고우를 방문하신 손님들의 의견과 반응을 놓치지 않고 확인한다.

사실 이 모든 과정을 챙기기란 결코 쉬운 일이 아니다. 하지만 손님 응대는 문의나 예약부터 리뷰와 재방문에 이르기까지 모든 과정에서 세심함이 필요하다. 따라서 매장 운영자는 이 모든 과정을 놓치지 않고 세심하게 챙겨야 한다. 손님 응대에 있어 이런 세심함을 직원들에게 늘 강조하고 있고 나 역시 솔선수범하고 있다.

고우가 신속해야 하는 이유

인기 있는 음식점이라고 해서 시간과 비용을 들여 찾아가 보면 직원은 정신없이 바쁘고 손님이 찬밥 취급받는 경우도 많다. 오랜 웨이팅은 어느 정도 이해하고 참더라도, 주문과 손님 응대가 늦어지기라도 하면 마침내 불만이 터져 나올 수밖에 없다.

전쟁터에서 재빨리 움직여야 살아남듯이 외식업 매장에서도 신속해야 살아남는다. 특히 고우의 경우에는 일반 음식점들보다 훨씬 더 분주할 수밖에 없는데, 앞에서도 언급했듯이 꼬치를 하나씩 주문받고, 직원들이 챙겨야 할 서비스는 다른 매장에 비해 월등히 많은 편이며, 수시로 외치는 구호도 소홀히 할 수 없기 때문이다.

물론 인력을 더 많이 배치하거나 손님을 덜 받으면 되겠지만 그것은 정답이 될 수 없다. 당연히 모든 직원들은 항상 신속히 움직여야 하며, 한 명이 꾀를 부리는 만큼 다른 직원들이 더 힘들어진다. 결국 손님들이 편하고 만족스럽게 드시려면, 아무리 힘들더라도 우리가 신속해져야 한다. 따라서 신속함은 고우가 반드시 지켜야 할 자세이자 포기할 수 없는 원칙이다.

신속함을 위해서는 손님을 응대할 때 미리 예측하는 자세가 특히 중요하다. 생각하는 만큼 보인다고 했다. 매장에서 일할 때도 조금만 더 깊이 생각하면 그 전엔 보이지 않던 것이 보이기 시작한다. 손님이 앉아 메뉴판을 보다가 고개를 들면 주문을 하려는 것이고, 식사를 하다 일어서서 두리번거리면 화장실을 찾는 것이다. 가방을 들고 일어서면 계산을 원하는 것이고, 젓가락 떨어지는 소리가 들린 후 손님이 손이 들면 젓가락을 요청하는 것이다. 이런 상황에서 손님이 요청하기 전에 우리가 미리 예측하고 한 박자 앞서 먼저 서비스를 제공해드린다면 당연히 손님의 만족도는 올라가고 업무의 효율도 높아질 것이다.

일상적인 행동들을 보고 미리 예측해서 응대하는 것이 뭐 그리 어려운 일이냐고 생각할 수도 있겠지만, 막상 외식업 매장에서 서비스 매뉴얼로 지켜지기란 생각보다 쉽지 않다. 대부분의 매장들은 손님이 호출하거나 요청하면 그제야 움직인다. 사실 손님이 요청할 때 바로 응대하는 것 자체도 결코 쉬운 일은 아니다. 하지만 남들보다 더 앞서가려면 손님이 요청하기 전에 미리 예측해서 응대해야 한다. 특히 고우와 같이 신속함이 요구되는 매장에서는 예측하는 서비스가 반드시 필요하다.

쇼맨십
고우

넘치고 튀어야 선택받는다

쇼맨십(showmanship)이란 사람들의 이목을 끌고 자신을 돋보이게 하는 기질을 말하며, 오늘날에는 본인의 매력을 드러내거나 사람들의 인기를 얻기 위한 수단으로 다양하게 활용되고 있다.

예를 들어 중국의 모차르트라고 불리는 피아니스트 랑랑(Lang Lang)은 피아노를 연주하며 손을 귀쪽까지 끌어 올리거나 곡의 하이라이트에는 자리에서 박차고 튀어오르는 등의 큰 동작을 취하는데, 이러한 쇼맨십이 그를 다른 연주자들과 더욱 차별화한다.

외식업에서도 이러한 쇼맨십이 필요하다. 아오키 히로아키(Aoki Hiroaki)는 미국인들에게 일본 요리의 세계를 알린 인기 식당 체인 베니하나(Benihana)의 창업주인데, 요리사를 뽑을 때 쇼맨십이 있는지를 본다고 한다. 베니하나에 가면 요리사가 손님들 테이블 앞에서 현란한 칼 재주를 뽐내며 요리하고 재미있는 입담과 불쇼 등

각종 퍼포먼스로 손님을 즐겁게 해준다.

어떤 분들은 식당이 음식만 맛있으면 되지 광대처럼 재주를 부릴 필요가 있느냐고 말한다. 하지만 지금은 어떻게든 자신을 드러내고 홍보해야 하는 시대다. 알 듯 모를 듯 은근히 드러낼 수도 있고 적극적이고 노골적으로 드러낼 수도 있지만, 방법이야 어떻든 자신의 장점과 매력은 그냥 놔둘 것이 아니라 보여주고 어필해야 한다. 그렇지 않으면 이렇게 경쟁이 심하고 소비자들이 선택할 식당이 많은 세상에서 평범한 가게는 그냥 잊혀지기 십상이다.

고우는 손님에게 단순히 맛있는 음식만을 제공하는 것이 아니라 재미와 즐거움 나아가 감동을 주기 위해 노력한다. 어떻게 우리 매장을 드러내고 손님들에게 각인시킬까 하는 부분은 오픈 초기부터 계속 고민해온 어려운 과제였다.

이런 과제를 해결하기 위해 가장 중요하게 생각한 기준은 바로 '콘셉트'과 '차별화'였는데, 고우의 기본 콘셉트를 지키면서 다른 브랜드와 차별화하는 것이 바로 핵심 포인트라고 생각했다. 먼저 콘셉트는 일본 브랜드의 색깔을 그대로 유지하면서 고우의 가장 큰 장점인 일본 정통 야키토리를 한국의 소비자가 거부감 없이 제대로 맛볼 수 있게 하는 문제로 기본 지키기와 적절한 현지화로 해결했다.

다음으로 차별화는 고우의 콘셉트와 장점을 어떻게 차별화해서 보여주고 손님을 즐겁게 만들 수 있을까 하는 문제에는 쇼맨십이 해답이었다. 구체적으로는 매장의 인테리어, 직원들의 행동과 구호, 매장의 전체적인 분위기, 야키다이에서 뽀얀 연기를 뿜어내며 맛있게 구워내는 모습 등 타 매장과 차별화된 고우만의 포인트를 찾아서 쇼맨십과 생동감을 보여주는 것이다.

매장 외부는 최소한으로 노출해 궁금증을 유발한다

고우만의 독특한 쇼맨십은 매장의 차별화된 인테리어부터 시작된다. 고우를 처음 방문하는 손님들은 매장을 바로 찾기가 쉽지 않다. 대부분의 이자카야들이 현란한 인테리어와 조명으로 손님의 눈길을 끄는 것과는 달리, 고우의 외관은 이자카야임을 알기도 힘들 정도로 특별한 인테리어나 큰 간판 없이 작은 창문이 전부다.

쇼맨십이란 반드시 튀거나 노골적이어야 할 필요는 없고 알 듯

모를 듯 은근히 드러낼 수도 있는데, 고우의 인테리어는 이렇게 살짝 보여주며 궁금함을 유발하는 것이다. 이러한 은근함은 쉽게 싫증 나지 않고 오래가며 변덕스러운 요즘 고객들에게 더 강한 인상을 준다. 그래서 나는 개인적으로 이러한 은근함을 더 좋아한다.

현재 고우의 자리는 전에 이탈리안 레스토랑이었고, 창문도 지금의 2배 이상 컸다. 보통은 매장을 튀게 하거나 내부를 더 잘 보여주기 위해 창문을 더 크게 만드는 것이 상식일 수 있다. 그러나 고우가 선택한 쇼맨십은 정반대의 은근함이었다. 고우는 창문을 더 크게 하기보다는 더 작게 해서 오히려 궁금증을 유발했고, 좁고 가늘게 뚫린 창을 통해 야키의 연기와 스태프의 생동감이 돋보이게 했다. 고우만의 쇼맨십이 탄생한 것이다.

야키다이는 중앙으로 모신다

고우의 정중앙 명당 자리는 다름 아닌 야키토리의 스타, 야키다이가 차지하고 있다. 고우의 야키다이는 주방에 숨어 있지 않고 손님들 앞에서 솜씨를 뽐내며(?) 진심을 담아 요리하는 모습을 보여준다.

매장 중앙에 놓인 100센티미터나 되는 야키다이의 붉게 타오르는 최고급 비장탄 위에는 맛있게 익어가는 꼬치들이 올려져 있고 하얀 연기가 은은하게 피어오른다. 꼬치를 굽고 있는 직원의 볼은 뜨거운 숯의 열기에 새색시 볼이 되어 있고, 야키토리에 소금과 후추를 뿌리는 두 손은 장인의 모습을 그대로 보여준다.

고우의 이런 쇼맨십은 손님들의 시선을 자연스럽게 끌어들이고 빠지게 한다. 야키토리를 찾는 손님들은 단지 맛있는 꼬치구이만을 드시러 오는 것이 아니라 분위기도 함께 즐기러 오시는 것이다. 아무리 테이블 상석이나 안쪽 주방에서 맛난 꼬치구이를 대접받는다 한들, 바로 카운터석에 앉아 시뻘건 비장탄에 꼬치가 구워지는 것을 보며 술 한잔 홀짝이는 맛에는 결코 비할 바가 못 된다.

일본어는 쇼맨십의 기본이다

고우의 매장 안으로 들어오면, 여기저기서 들려오는 직원들의 일본어에, 잠시 일본 현지에 있는 이자카야에 온 듯한 착각에 빠지게 된다. 고우의 직원들은 대부분 일본 현지 경험이 있거나 일본어가 가능해서 오후 5시 영업이 시작되면 부득이한 경우를 제외하고는 모두 일본어로 소통한다. 특히 고우의 아르바이트생들은 모두 일본인들인데, 한국어를 공부하러 온 학생들 또는 워킹할리데이로 온 20대의 젊은 친구들이다. 이렇게 매장에서 일본어를 자연스럽게 사용하게 된 배경은 고우가 일본 브랜드라는 점과 일본 이자카야 분위기를 최대한 살리기 위해서다.

사실 일본어는 발음 특성상 높은 성조로 느껴진다. 가볍지만 발음이 분명하고 조금은 격앙된 소리를 내도 차분하게 들리는 언어(물론 개인적인 생각이다)라 직원들 여럿이 목소리를 합쳐 크게 구호를 외치면, 그 자체만으로도 생생한 활기를 불어넣는 효과가 있다. 일본 외식업 매장을 운영한다면 일본어야말로 쇼맨십의 기본이자 최고의 도구인 것 같다.

복장부터 남다르게

고우의 유니폼에는 비장탄의 활활 타오르는 불꽃을 표현하는 커다란 불꽃 마크가 찍혀 있다. 우리나라에 있는 오마카세 야키토리 매장을 가보면 대부분 스시 매장이나 일식집의 하얀 조리사 복장을 입고 있는데, 야키토리 매장에는 잘 어울리지 않는다.

사실 일본 야키토리 매장의 복장은 아주 다양한 편이다. 고우는 동적인 야키토리 이자카야 콘셉트를 추구하므로 스시나 일식당의 정적인 흰색 조리사 복장보다는 어두운 색의 캐주얼한 유니폼을 입는다. 다만 야키를 담당하는 마스터는 쇼맨십의 중심이므로 강렬한 인상을 주기 위해 일본풍의 무늬가 있는 동적인 유니폼을 활용한다.

쇼맨십을 보여주는 복장에서 일본스러움을 표현하는 또 다른 중요한 도구는 바로 앞치마와 하치마키(천으로 된 머리띠)다. 일본 이자카야에서 사용하는 앞치마는 꽤 두꺼운 재질의 천으로 만들어져 아주 견고하다. 누가 봐도 일본스럽다. 앞치마도 사용하다 보면 교체해야 할 시기가 오는데 국내에서는 더 이상 두꺼운 재질의 앞치마를 만들지 않기에 구하기가 쉽지 않다. 하지만 일본스러움을 나타내는 앞치마는 매우 중요하기에 시간과 노력이 아무리 들더라도 일본 본사나 일본 주류업체를 통해 미리미리 확보해놓는다. 하치마키도 마찬가지다. 하치마키는 누가 뭐래도 일본 특유의 복장인데, 고우는 일본 현지의 느낌을 그대로 살리는 하치마키를 봄·여름용, 가을·겨울용으로 색깔을 다르게 만들어 이마에 두름으로써 더욱더 일본스러운 쇼맨십을 보여주고 있다.

이렇게 간단한 복장도 그냥 흉내를 내는 데 그칠 것이 아니라 일본 외식 문화를 충분히 이해하고 브랜드의 콘셉트에 맞게 정해야 한다. 제대로 된 복장을 갖춰 입을 때, 비로소 제대로 된 쇼맨십을 보여줄 수 있다.

시메사바 토치에서 아날로그 주문서까지

고우에는 시메사바(초절임 고등어)를 토치로 구워주는 메뉴가 있다. 손님 앞에서 시메사바에 토치로 불쇼(?)를 할 때는 주목을 받아 왠지 함께 주인공이 된 듯한 기분도 든다. 스테이크만 레어, 미디엄, 미디엄레어가 있는 것이 아니다. 고우의 시메사바도 어떻게 구

워드릴지 여쭤본다. 대부분은 미디엄을 선택하지만, 손님들은 여쭤보는 것 자체도 재미있어한다.

사락사락 스노우 치즈 츠쿠네 메뉴 역시 그냥 내지 않는다. 주방에서 치즈를 뿌려 나갈 수도 있지만, 손님 앞에서 눈이 내리는 것처럼 츠쿠네 위에 치즈를 갈아 뿌린다. 물론 번거로운 작업이고 빠듯한 인력 상황에서 직원들은 더 힘들어진다. 그러나 이런 좋은 볼거리 제공을 힘들다고 그냥 포기할 순 없다. 우리가 번거롭고 힘든 만큼 손님들은 고우에게 매력을 느낀다.

그리고 앞에서도 언급했듯이 고우는 쇼맨십을 위해 아날로그를 지향한다. 뜻밖에도 손님들은 번거롭고 구닥다리인 아날로그 방식에 더 신기해하고 즐거워한다. 이런 독특한 주문서와 일본어 메뉴 기재, 주문서를 뜯어 전달하는 쇼맨십을 보면서 즐긴다. 고우를 나타내는 또 하나의 즐거운 볼거리다.

이처럼 고우는 쇼맨십을 보여주기 위해 치열하게 노력한다. 하나를 하더라도 일본보다 더 일본스럽게 전달하려 노력하고, 우리가 번거로운 만큼 손님의 즐거움은 커지고 고우를 기억할 거리가 늘어난다고 믿는다. 고우인들은 이런 자세로 하루하루를 마무리한다.

지금도 손님께 즐거움을 드리기 위한 아이디어들이 많이 떠오른다. 매장의 직원들이 갑자기 매장 한가운데서 춤을 보여드린다든지, 야키를 굽다 현란한 야키 불쇼를 한다든지 등 여러 가지 퍼포먼스를 하는 것이다. 언젠가 이런 쇼맨십을 보여줄 수 있다면 정말 즐겁고 재미있을 것 같다.

인테리어는
매장 콘셉트에 맞게

레이아웃은 효율성과 직결된다

매장의 인테리어라고 하면 대부분은 디자인과 분위기를 어떤 식으로 할지에 대해 많은 고민을 할 것이다. 물론 디자인과 분위기는 매장의 콘셉트에 관한 것으로 매우 중요하다. 하지만 이에 못지않게, 어쩌면 그 이상으로 신경 써야 할 것이 바로 레이아웃이다.

레이아웃은 동선과 밀접한 관련이 있다. 레이아웃이 잘되어 있으면 스태프들이 효율적으로 일할 수 있어 일의 능률을 높일 수 있지만, 레이아웃이 꼬여 있으면 홀과 주방 모두 엉키게 된다. 특히 레이아웃은 매장의 콘셉트와 달리 운영하는 중간에 쉽게 변경할 수 없기에 인테리어를 할 때 더욱더 신중해야 한다. 대부분의 창업자들은 바로 보여지는 부분에만 큰 관심을 갖는데 매장 운영에 조금이라도 경험이 있는 사람들이라면 레이아웃이 얼마나 중요한 부분인지 알 것이다.

물론 경험이 없는 창업자는 기본적으로 인테리어 업체에 의지할 수밖에 없다. 하지만 무턱대고 그냥 맡기는 것은 상당히 위험한 일이다. 특히 주방 내부의 효율적인 레이아웃은 다른 매장을 아무리 많이 가본다 한들 쉽게 알 수가 없다. 따라서 주변에 외식업 매장을 하는 지인이 있다면 찾아가 1차적으로 조언을 구하는 것을 추천한다.

고우는 매장이 크지 않기에 주방 동선을 최소화해 콤팩트하게 구성되어 있는데, 가장 중점을 두었던 부분은 '주방'과 '드링크 바'다. 주방은 한 사람이 튀김기에 튀김을 넣어놓고 바로 뒤돌아 냉장고에서 재료를 꺼낸 후 다시 뒤돌아 간텍기(가스레인지)에서 요리를 한다. 요리를 할 때 동선이 꼬이지 않고 최대한 효율적으로 물 흐르듯이 진행할 수 있도록 해놓은 것이다. 드링크 바 역시 정수기, 주류 냉장고, 제빙기, 하이볼 생맥주 서버 등 한 자리에서 손만 뻗으면 바로 닿을 수 있도록 했고, 홀도 최대한 동선이 겹치지 않고 짧게 구성했다. 이렇게 효율적인 동선을 만들면 두 사람이 일할 것을 심지어 한 사람이 일할 수도 있어 인건비 절감에도 큰 영향을 준다.

인테리어는 역시 조명발이다

창업자들 중에는 빠듯한 인테리어 예산에서 어디에 우선순위를 두는 것이 좋은지를 묻는 분들이 있다. 매장을 운영해본 입장에서 예산 여유가 있다면 조명에 더 투자하고 가능한 조명만큼은 예산을 줄이지 말라고 조언한다.

외식업 매장은 조명을 어떻게 하느냐에 따라 분위기와 이미지가 크게 달라진다. 똑같은 조명이라도 벽과 천장에 간접적으로 은은하게 비추면 부드럽고 차분한 분위기가 연출되고, 직접적으로 밝게 비추면 화사하고 넓은 분위기로 바뀐다. 고우 본점 중앙에 길게 놓여 있는 노란색 나무 무늬의 카운터석은 바로 위의 따뜻한 조도의 조명과 어우러져 훨씬 따뜻한 노란색으로 느껴지는데, 손님들에게 심적으로 포근하고 안정된 느낌을 준다. 사실 처음 매장을 운영할 때만 해도 조명에 대해 잘 알지 못했는데, 본점 카운터석의 편안한 조명을 볼 때면 조명의 중요함을 매번 느낀다.

손님들은 우리가 생각하는 이상으로 조명의 영향을 많이 받는다. 예를 들어 술을 마시려는 사람들은 밝은 조명보다는 어두운 조명의 매장을 선호하고, 이제 막 데이트를 시작한 커플이라면 아늑하고 분위기 있는 조명에 더 끌린다. 실제 매장이 밝은지 어두운지를 전화로 문의하는 손님들도 있는데, 데이트 장소를 물색할 때 조명이 중요한 판단 기준이 된다는 사실을 새삼 느낄 수 있다.

고우 2호점 인테리어를 진행하면서 특히 신경 쓴 부분이 조명이다. 그런데 막상 인테리어 업체가 준비한 조명과 전구들은 가장 일반적인 것으로 노란빛이 아닌 흰빛에 가까워 도저히 마음에 들지 않았다. 거듭된 수정 요청에 인테리어 업체는 다른 조명을 제안했지만, 1호점과 다른 인테리어의 분위기와 조화를 이루지 못하고 차가운 느낌만 줄 뿐이었다.

결국 월넛의 카운터석과 블랙앤화이트 톤의 벽면에도 따뜻한 느낌을 살릴 수 있는 조명을 찾기 위해, 직접 조명가게를 찾아다니고 수없이 인터넷을 검색해 여러 차례 조명을 구매하며 만족스러운 조명 찾기를 반복했다. 길을 가면서도 이 매장 저 매장의 조명을 살펴보고 머릿속에서 수없이 시뮬레이션을 했다. 흰색의 내부 벽면 또한 따뜻한 분위기를 만들기 위해 내부 벽면을 비춰줄 고드름 전구를 생각해냈고, 몇 번의 구매와 변경을 거쳐 창문 윗부분에 추가로 달았다. 하지만 막상 설치하고 나니 그래도 무언가 부족하다고 느껴졌다. 결국은 아들의 노란 물감까지 가져와 고드름 전구의 밑 부분에 직접 색을 입혀 조금이라도 더 따뜻한 느낌으로 보이도록 만들고 나서야 비로소 일단락했다.

이렇게 조명에 신경을 쓰고 노력을 기울인 것은 긴 시간 매장을 운영한 경험을 통해 조명의 중요함을 알기 때문이다. 특히 조명은 단순히 조명 자체만이 아니라 그 조명을 받쳐주는 주변의 요소들도 아주 중요하다는 사실을 뼈저리게 느꼈다. 따라서 조명 자체를 선택하는 것 못지않게 벽면과 테이블의 색감 등 주변 인테리어와의 조화도 신중히 고려할 필요가 있다.

냉장고와 수납 공간 확보는 필수다

외식업 매장을 운영해보지 않은 창업자가 소홀히 하기 쉬운 부분 중에 하나가 냉장고와 수납 공간이다. 처음에는 기본적인 냉장고와 냉동고 정도만 주방 쪽에 놓으면 되겠다 싶겠지만, 운영을 하다 보면 하나씩 더 추가할 필요성을 느끼기 마련이다. 술과 술잔을 보관하는 주류 케이스만 해도 주방 쪽에만 필요한 게 아니라 동선을 짧게 하기 위해 홀 쪽에도 놓아야 한다. 고우만 해도 사케 판매가 늘어나면서 사케 보관 냉장고를 별도로 고민했는데, 처음에 미처 생각하지 못했던 부분들이 조금씩 홀 공간을 차지하게 된다. 따라서 바로 필요하지 않다 하더라도 나중에 놓을 공간까지 고려해서 레이아웃을 짜는 것이 좋다.

또 영업을 하다 보면 누구나 부딪히게 되는 골칫거리가 바로 수납 공간이다. 큰 매장들은 그나마 형편이 낫지만, 작은 매장들은 별도의 창고를 얻어야 할 정도로 애로 사항을 겪기도 한다.

처음 고우는 매장 안쪽 한편에 1.5평 남짓의 공간을 스페셜 룸으로 만들었는데 정말 스페셜한 공간으로 딱이었다. 그러나 이 공간은 영업을 시작한 지 얼마 안 되어 결국 창고로 바뀌고 말았다. 고우는 호리고다츠 좌석(일본식 좌식테이블) 앉는 부분 밑에 여러 개의 수납 공간을 만들어 놓았다. 그럼에도 손님이 늘고 매장 물건이 많아지면서 예상치 못한 수납 공간의 부족으로 난감해졌다. 결국은 스페셜 룸에 있던 테이블을 치우고 수납장을 짜서 창고로 만들었다. 공들인 스페셜 룸의 4인석이 사라진 것이다. 그 뒤 가맹점과 직영 2호점 인테리어를 진행할 때 정말 꼼꼼히 확인했던 부분 중에 하나가 바로 충분한 수납 공간의 확보였다. 인테리어 업체의 역량이 드러나는 부분이기도 한데, 이런 부분에 대해 많이 고민해본 업체는 아무리 작고 버려지는 공간도 최대한 활용해 수납 공간을 만들어낸다.

인테리어 시안비를 아끼지 말자

고우 본점의 경우 인테리어 디자인은 일본에서, 시공은 한국 업체가 진행했다. 물론 처음에는 한국의 인테리어 업체들을 먼저 섭

외해 5개 업체로부터 디자인 시안을 받아보았다. 하지만 기대하는 수준의 디자인은 없었다. 일본 브랜드로서 일본스러움이 묻어나는 디자인을 원했지만 시안을 받아본 모든 업체들이 기존에 있는 너무나 뻔한 한국 선술집 스타일로 가져온 것이었다. 결국 일본에 있는 디자이너에게 맡길 수밖에 없었다.

요즘은 오마카세나 이자카야 및 일본 음식을 판매하는 매장들의 인테리어를 일본 현지 매장처럼 해달라고 요구하는 창업자가 늘어나고 국내 인테리어 업체들의 수준도 많이 높아짐에 따라 오히려 일본보다 더 세련되게 디자인하는 경우도 많은 것 같다.

다만 여전히 인테리어 업체의 선정은 창업자에게 어려운 문제다. 창업자들은 일반적으로 주변의 소개나 포트폴리오를 통해 업체를 선택하는 것이 가장 일반적인 방법이지만 현실적으로 그 이상을 확인하기가 쉽지 않은 것이 문제다. 아무리 미팅을 많이 하고 설명을 잘 들었어도 막상 작업이 진행되면 기대 이하인 곳이 정말 많다. 그렇다고 진행하는 도중에 업체를 변경하기도 쉽지 않다.

따라서 업체 미팅과 포트폴리오를 보고 마음에 들더라도 바로 인테리어 계약을 체결하지는 말자! 먼저 디자인 시안 정도는 받아서 추구하는 콘셉트와 맞는지를 확인할 필요가 있으며, 몇 번의 시안을 받아봐도 내가 원하는 디자인이 아니라면 업체 선정을 다시 고려해야 한다. 물론 인테리어 업체는 디자인 시안에 대한 비용을 별도로 청구할 수 있으며, 보통은 100만~300만 원 내외이다. 하지만 인테리어는 창업에 있어서 너무나도 중요한 부분이기에 비용이 아까워서 그냥 업체만 믿고 맡겨두어서는 안 된다. 디자인 시안 비용이 아깝다 하더라도 디자인은 인테리어의 시작이자 끝이므로 과감히 투자해 실력을 확인할 필요가 있다.

3D 도안으로 점검하고 현장을 체크한다

공사가 시작되면 인테리어 업체에 따라서는 의뢰인이 현장에 들어가는 것을 싫어하는 경우도 있다. 대부분 현장을 둘러보고 공사를 확인하는 것은 너무나 당연한 것 아닌가라고 생각하겠지만, 실제 공사를 진행하다 보면 현장에 들어가 살피거나 공사 진행 사항들을 묻는 문제로 다툼이 생기는 경우가 많다. 이런 불편함을 몇 번 겪다 보면 대부분의 창업자들은 좋은 게 좋은 거라거나 잘 모르겠다는 이유만으로 그냥 업체가 알아서 하도록 맡긴다.

하지만 인테리어 공사의 진행 과정을 지켜보고 확인하는 것은 창업자가 당연히 해야 할 일이다. 업체만 믿고 현장에 제대로 방문조차 하지 않는 것이야말로 창업자의 기본 태도가 아니다. 물론 기본적으로 인테리어 업체를 신뢰할 필요도 있고 공사에 문외한이라 확인하는 데 한계가 있을 것이다. 그러나 공사가 완성된 후에는 디자인 시안과 다르다거나 콘셉트가 마음에 안 든다고 컴플레인을 해봤자 이미 늦다. 본인이 문제를 제때 확인하지 못하고 나중에 인테리어 업체만을 탓할 수는 없는 노릇이며, 설사 잘못을 했더라도 있는 그대로 잘못을 인정하는 인테리어 업체는 없다.

돌이켜 생각해보면 고우의 인테리어 공사 진행 과정도 결코 쉽지 않았던 것 같다. 고우 2호점 공사 진행 시 거의 매일 현장을 방문해서 확인했는데, 디자인 시안이 있음에도 불구하고 설계도와 실제 현장의 길이가 조금씩 차이 나기 일쑤였다. 길이가 조금 달라지는 게 무슨 대수냐고 할 수도 있지만, 테이블 간격, 카운터석(다찌석) 손님들 사이의 폭, 사람들이 지나다니는 통로의 폭 등이 달라지는 것은 큰 차이로 이어질 수 있다. 특히 주방은 단 몇 센티 차이로 설비가 못 들어가거나 동선과 공간이 꼬일 수도 있다. 결코 간단한 문제가 아니다. 결국 공사를 진행하는 동안 직접 줄자를 가지고 다니며 일일이 재어보았다. 시안과 차이가 나는 부분에 대해서는 단 몇 센티라도 바로 질문해서 문제점을 확인하고 문제가 있다면 수정 요청을 했다. 당연히 수없이 말다툼을 했고 서로 절충안을 만들어 타협하기도 했다.

특히 인테리어 완성물이 디자인 시안과 너무 다르거나 기대치에 미치지 못하는 경우는 현실에서 비일비재하다. 고우도 가맹점 인테리어를 진행할 때, 디자인 시안은 고목으로 만든 고풍스런 파사드였는데 완성작은 기대에 못 미치는 엉성한 간판이었다. 가장 포인트를 줄 부분이었고 진행 과정에서도 계속 강조했던 부분이라 너무도 실망스러웠다. 아무리 디자인 시안과 너무 다르다고 말해도 그 업체에서 보기엔 별반 차이가 없다고만 할 뿐이었고, 결국 그 업체와 헤어지게 되었다.

이런 경험을 한 이후부터 반드시 3D 디자인까지 업체에 요청하게 되었다. 보통은 디자인 스케치와 기본 도면만 주거나, 엉성한 3D 도안을 살짝 보여주는 데 그치는 경우가 많다. 그러나 가능한 상세한 3D 컬러 도안을 업체로부터 받을 필요가 있다. 그래야 인테리어가 어떤 식으로 나올지 어느 정도 정확히 예상할 수 있고, 최종 완성물도 시안과 일치할 확률이 높다. 물론 현장에서 공사 진행 과정을 체크하고 확인하는 것은 필수다.

고객의 불만에는 지혜롭게 대처하라

불만 고객을 잡아라

쉬는 날 매장에서 전화가 오면 순간 긴장되고 무슨 일이 생긴 것은 아닌지 걱정부터 앞선다. 그래서 매장에 없는 날은 수시로 그 날의 특이 사항 등을 확인하고 직원들에게 주의를 더 기울이도록 당부하곤 한다.

외식업 매장을 운영하다 보면 고객의 컴플레인은 피할 수 없다. 마치 통계와도 같아서 일정한 확률과 숫자로 우리에게 찾아오는데, 그렇다고 마냥 내버려둘 수는 없기에 매장을 운영하는 사람은 고객 불만 수치를 낮추기 위해 항상 노력할 필요가 있다.

사실 컴플레인은 긍정적인 효과도 분명히 있다. 매장에 있어서 적절한 자극이 되어 항상 긴장하고 타 매장과의 경쟁력을 더 키울 수 있게 된다. 어느 날 단골손님으로부터 자주 시켜 먹던 메뉴의 맛이 좀 변했다는 얘기를 듣고 바로 확인해보니 토리카라스프(닭뼈

육수)가 레시피보다 많이 들어가 원래 메뉴보다 싱거웠다. 이럴 때 고객의 한마디는 매장의 음식 맛을 체크하고 기본으로 되돌아가게 하는 계기가 된다.

특히 매장이 여러 개이거나 프랜차이즈를 하다 보면, 레시피 준수를 아무리 강조해도 간혹 맛의 통일성과 레시피가 흐트러지는 경우가 발생한다. 따라서 고객의 컴플레인이 있을 시 전체 매장의 메뉴와 서비스를 다시 한 번 점검해볼 필요가 있다. 다만 음식 맛은 상당히 주관적이기 때문에 다양한 손님의 입맛을 모두 맞출 수는 없으며, 주기적으로 맛과 서비스를 점검하는 시스템을 마련하는 것이 효과적이다.

사실 음식이나 서비스에 대한 의견 같은 건전한 컴플레인을 하는 고객은 일말의 애정을 갖고 있을 가능성이 높다. 고우를 많이 방문했거나 다시 찾을 의향이 있기에 이런저런 문제점과 요구 사항을 이야기하는 것이다. 반면 재방문할 의사가 없는 손님은 불만이 있어도 입을 꾹 다물고 만다. 그래서 불만 접수가 없는 날들이 지속되면 오히려 긴장하고 예의 주시할 필요도 있다. 침묵으로 숨겨져 있던 컴플레인이 더 큰 문제로 나타날 수 있기 때문이다.

더불어 불만을 이야기하는 고객은 고우에 애정을 갖고 있는 분들이라 생각하고 그들의 의견을 주의 깊게 경청하고 매장 운영에 반영할 부분이 없는지 적극적으로 검토해야 한다. 어느 경우든 고객으로부터 컴플레인이 있을 때 순간을 모면하고자 흘려들어서는 안 된다. 어느 부분이 문제인지 열린 마음으로 들어야 하고, 들은 내용은 반드시 확인해서 개선하는 과정도 필요하다. 고객은 여전히 매장의 중심이다. 고객의 소리에 귀 기울이지 않으면 어느 매장이든 미래는 커녕 현재도 없다.

블랙컨슈머는 어떻게 하나요?

이태원 본점이 만석이던 어느 날이었다. 웨이팅 손님 중 한 분이 자신이 인플루언서인데 먼저 들여보내 줄 수 있느냐고 물었다. 우리는 웨이팅이 많고 순서를 지켜야 해서 그건 어렵다고 정중하게 말씀드렸다. 그렇게 시간이 흐른 뒤 그 손님이 입장하게 되었는데 테이블에 앉자마자 너무 오래 기다렸다고 화를 내며 주문한 음식을 급하게 먹고 30분 만에 나갔다.

그 손님이 나가고 1시간 뒤쯤 솔직하게 글을 썼다면서 네이버 블로그를 확인해보라고 매장으로 연락이 왔다. 블로그 글에는 고우의 모든 메뉴가 돈 주고 사 먹기엔 아까울 정도의 수준이고 서비스도 최악이라는 악평으로 가득 차 있었다. 빨리 입장시켜 주지 않은 데 대한 보복성 글임에 틀림없었다. 그리고 인플루언서의 영향력 때문인지, “그런 매장은 가면 안 되겠네요”, “이태원 맛집이라더니 아닌가 보네요” 등의 안 좋은 댓글이 순식간에 100여 개나 달렸다.

나는 댓글들을 읽고 너무 당황스러워 어떻게 해야 할지 고민되었다. 제일 간단한 방법은 그 인플루언서에게 사과하고 요구를 들어주는 것이었는데, 순간이나마 그렇게 하고 싶은 충동을 느꼈다.

하지만 다시 마음을 가다듬고 생각을 정리한 후 고우의 가치를 지키기 위해 원칙대로 대응하기로 했다. 먼저 그날의 상황과 입장을 정리한 장문의 댓글을 썼고 블로그 게시글을 내려달라고 요청했다. 이후 몇 번의 댓글을 더 주고받았지만 상황은 쉽게 해결되지 않았다.

앞으로 어떻게 해야 할지를 고민하고 있을 때쯤 인플루언서로부터 다시 연락이 왔다. "아까는 너무 화가 나서 그랬습니다. 매장에 피해를 끼칠 수도 있는 점을 인지해 글을 내리겠습니다. 죄송합니다."

그 연락을 받고 의아했다. 왜 갑자기 태도가 바뀌었을까? 내가 원칙대로 대응해서 마음이 바뀐 건가, 아니면 양심 때문인 건가. 잠시 생각해보니 곧 그가 그렇게 한 이유를 짐작할 수 있었다. 그 고객은 방문자 수가 하루에 몇천 명이나 되는 파워블로거였기에 외식업과 관련된 많은 사람들이 그의 글을 보고 있을 것이었다. 결과적으로 이렇게 자기 기분에 따라 외식업 매장에 불리한 글을 올릴 수도 있다는 사실을 스스로 광고하는 셈이 되었고, 결국 본인의 활동에 불이익이 될 수 있다고 생각해서 먼저 글을 내린 것이다.

이 일은 해프닝으로 끝났지만, 만약 계속 악감정을 품고 글을 내리지 않았다면 우리 매장이 큰 피해를 입을 수도 있었을 것이다. 최근 SNS의 영향력이 점점 커지면서, 외식업 매장들은 블로그, 별점, 리뷰 등 고객의 작은 점수 하나에도 긴장하며 벌벌 떨게 되었다. 이와 같은 다양한 평가제도는 시대의 흐름이자 고객의 당연한 권리일 수도 있지만, 이 제도가 최초의 취지와 다르게 이용되거나 더 나아가 이를 악용하는 블랙컨슈머와 같은 고객이 있다면 해당 매장은 회복할 수 없는 피해를 볼 수도 있다. 최근 네이버는 소상공인 보호와 제도의 악용 방지를 위해 2022년 1월 별점 리뷰 제도를 없애기로 결정했다고 한다.

직원을 지키는 것은 사장의 역할

고객 중심주의와 직원 존중 그리고 고우의 이념을 조화롭게 유지하기는 쉬운 일이 아니다. 특히 외식업 현장에서는 고객 응대와 존중의 정도를 고민해야 하는 수없이 다양한 상황에 부딪히게 된다.

그중 제일 민감한 것이 직원과 손님의 마찰이 있을 경우다. 사실 브랜드의 이미지와 고객을 진정시키는 방법만을 생각한다면, 해당 직원의 서비스 태도에 대해 일단 사과부터 하는 것이 가장 빠르고 효과적일 수 있다. 또 이렇게 직원 하나의 잘못으로 돌림으로써(?) 사태를 수습하는 것이 가장 일반적인 해결 방법일지도 모른다. 하지만 상식적이지 않은 행동을 하는 고객에게까지 고객 제일주의를 적용하고 싶지 않다. 게다가 아무런 잘못이 없는 직원에게 모든 책임을 전가하며 희생양으로 만들 수는 없다. 고우는 상식을 넘어서 직원에게 함부로 하는 고객들까지 왕으로 받들거나 고객 제일주의로 응대하지는 않는다.

하루는 매장에서 홀 근무를 보고 있을 때였다. 여성 아르바이트생이 불편한 표정으로 다가와서 한 테이블의 남자 고객이 본인의 엉덩이를 만졌는데 어떻게 대처해야 좋을지 모르겠다고 물었다. 여기서도 고객과의 불필요한 마찰을 피하고 상황을 크게 만들고 싶지 않다면, 해당 직원에게 그냥 참으라고 하는 것이 간단하고 효과적인 방법일 수 있다. 그러나 '고객은 무조건 옳다'거나 '고객이 직원보다 중요하다'는 생각으로 직원의 감정이나 피해를 외면하는 것은 올바른 '고객 중심주의'가 아니라고 생각했다.

나는 먼저 상황을 객관적으로 파악해보았고, 해당 직원의 말이 사실임을 명확히 확인할 수 있었다. 이후 고객에게 다가가 조심스럽게 문제 상황과 직원의 감정을 설명하고 해당 직원에게 사과할 것을 정중히 요청했다. 우려했던 대로 고객은 해당 사실을 부인하고 오히려 크게 화를 내며 서둘러 계산하고 나가버렸다. 비록 고객의 사과는 없었지만 해당 직원은 자신의 말을 믿고 나서준 나에게 고마워하며 그 이후로 더욱더 열심히 일하는 모습을 보였다.

이 일로 그 고객은 다시는 우리 매장을 방문하지 않을 가능성이 크다. 하지만 그런 경제적인 이익이나 리스크만을 각해서 직원에게만 모든 걸 감수하게 하고 직원에게 함부로 하는 고객에게 해야 할 말을 하지 못하는 태도는 올바른 고객 중심주의가 아니다.

이후 직원들은 고우가 지향하는 서비스를 더 명확히 이해하게 됐고, 자신감을 가지고 능동적으로 일하게 되었다. 이처럼 경영자가 고객 가치에 대해 어떠한 원칙과 기준을 가지고 행동하느냐는 직원들에게 아주 큰 영향을 미친다.

4장

일본 외식업,

이것만은 알고 시작하자

이태원에서 잘나가는 이자카야는 어떻게 만들어졌을까?

'역마살'이 가져다준 인생의 목표

'한국 고우'는 2013년 1월 1일 외국인투자(외투) 법인 ㈜사무라이글로벌을 설립하면서 탄생했다. 사실 그때까지만 해도 밤이 주 업무 시간인 이자카야를 운영하게 될 거라고는 생각조차 못 했다. 참고로 나는 전형적인 아침형 인간이다.

대학교 졸업 후 캐나다에서 유학하고 한국에 돌아와 남들처럼 평범한 직장생활을 시작했다. 틀에 박힌 생활과 미래에 대한 답답함에 내 특유의 '역마살'이 슬슬 올라오기 시작할 무렵, 일본에서 외식사업을 시작한 지인에게서 우연히 연락이 왔고 일을 도와달라는 제안을 받았다. 평소 외국어에 관심이 많았던 나는 일본어를 배울 좋은 기회라는 생각과 너무나 좋아하는 스시를 마음껏 맛볼 수 있겠다는 단순한 생각에 그냥 끌렸다. 무엇보다 다른 사람이 칼자루를 쥐고 있는 답답한 직장생활에 한계를 느껴 벗어나고 싶었고, 당시 엔화가 비싸서 돈을 벌어 앞으로 하고 싶은 일을 할 수 있는 좋은 기회라고도 생각했다.

외식업과의 인연은 이렇게 시작되었다. 그때만 해도 우리나라의 외식업 수준은 일본에 비해 상대적으로 매우 낮았다. 한국에서 아르바이트 한 번 해본 적이 없었던 나는 외식업 매장에서 일하며 하나하나 경험을 쌓았다. 일본어라고는 대학교 교양과목으로 배운 게 전부라 주로 영어로 대화를 시도했는데, 맥도날드를 '마끄도나르도'라고 표현하는 일본식 영어에 하루라도 빨리 일본어를 익힐 수밖에 없었다. 외식업 일을 하면서 좌충우돌 우여곡절도 많았지만 하루하루가 새로웠다. 영어 공부만을 위해서 갔던 캐나다에서의 느낌과는 너무나 달랐다. 시간이 날 때마다 맛집을 기웃거렸는데, 이때만 해도 맛집 공부라기보다는 식탐과 호기심 때문이었다. 돌이켜보면 그 시기의 경험이 지금의 나를 있게 한 단단한 초석이 된 것 같다.

외식업 현장에서는 다양한 경험을 통해 참 많은 것을 배웠고, 각양각색의 사람들도 많이 알게 되었다. 그때 매장에서 같이 일했던 동료 중에 본인만의 이자카야를 차리고 싶다던 어린 일본 아르바이트생이 보여준 자세는 아직까지 나의 서비스 표준으로 남아 있으며, 진정성 있게 손님을 대하며 미소 짓는 그 모습이 지금도 생생하다. 생각해보면 말 그대로 '오모테나시'의 서비스였다.

이렇게 시작된 일본과의 인연은 나에게 인생의 목표를 가져다주었다. 이 시기에 무엇보다 굳게 다짐했던 것은 '작더라도 반드시 내 사업을 해야겠다'는 것이었다.

고우, 나의 꿈이 되다

일본에서 돌아온 후 내 일을 하기 위해 아이템에 대한 시장 분석과 벤치마킹도 시작하고 창업설명회도 찾아다녔다. 하지만 창업 비용은 어마어마했고 시장은 너무 폐쇄적이어서 막상 쉽게 시작할 수가 없었다.

이런저런 고민으로 주저하던 중에 창업 비용도 적게 들고, 결혼 후에도 안정적으로 할 수 있는 유아 관련 사업을 시작하였다. 큰 관심은 없었지만 비용이 적게 들어 손쉽게 시작할 수 있던 점과 무엇이라도 해보자는 급한 마음탓에 시작하였지만, 운영하는 몇 년 동안 계속 유지해야 하는지 말아야 하는지 고민했다. 결국 더 늦기 전에 그 일본 아르바이트생을 떠올리며 외식 관련 일을 찾기로 했다.

일단은 국내 외식업 시장을 좀 더 알기 위해, 그 당시 눈여겨봐 두었던 창업 컨설팅 회사에 들어갔다. 여기서 한국의 창업 시장에 대해 많은 지식을 얻게 되었는데, 직접 발로 뛰며 체험한 경험은 값진 자산이 되었고 언젠가 반드시 내 매장을 오픈하고픈 꿈은 갈수록 더 선명해졌다.

그리고 기회는 말 그대로 정말 영화처럼 갑자기 찾아왔다. 일본 고우와의 인연은 내가 창업 컨설팅 회사에 근무할 때 당시 회사 대표님을 통해 시작되었다. 본격적으로 내 사업을 시작할 생각으로 일하던 회사에서 퇴사할 무렵에, 한국 고우 오픈 계획이 논의되고 있었고 전체적인 운영에 직접 참여해보지 않겠냐는 제안을 받았다.

이렇게 한국 고우의 창립 멤버로 참여하게 되면서 고우와의 인연이 본격적으로 시작되었다. 첫 번째 업무는 법인 설립을 위한 절차였고, 한국 고우의 직영점을 오픈할 후보지는 이태원이었다.

사실 이태원 상권은 당시만 해도 한국 사람들에게 이국적이지만 조금 낯설고 무서운 곳이라는 선입견이 있었다. 미군들의 문제가 끊이지 않았고 툭하면 각종 사건 사고가 뉴스로 전해지는 곳이었다. 그러나 오랜만에 찾은 이태원은 정말 매력적인 상권으로 다가왔다. 세계 각국의 이국적이고 멋진 매장들이 들어서 있었고 한국인에 맞춰 현지화하기보다는 그 나라의 특색을 그대로 살려 운영하는 곳이 많았다. 이태원 프리덤이란 말이 나온 이유를 온몸으로 실감할 수 있었다. 상권 분석을 위해 매장 후보지 근처 2층 바에 앉아 2주 동안 온종일 지나다니는 사람들을 카운팅했다. 한겨울 영하의 날씨였지만 위에서 내려다보면 까만 머리들만 보일 정도로 사람들이 물밀듯이 밀려다녔다. 2012년 겨울, 한국 고우 직영 1호점은 이태원으로 최종 결정되었다.

한국 고우, 오픈하고 날다?

외투 법인 설립과 직영점 오픈 준비는 약 1년 전부터 시작되었다. 일본 고우의 본격적인 한국 진출 매장인 만큼 급하게 서두르기보다는 충분한 시간을 들여 신중하게 진행했다.

일본 고우 본점을 방문해 3박 4일간 홀에서 손님 응대를 하며 직접 일을 체험했다. 일본이 서비스에 강한 건 이미 알고 있었지만, 다들 눈을 반짝반짝이며 활기차게 일하고 있는 모습에 너무나도 강한 인상을 받았다. 특히 일본 고우 본사의 토키요시 히로마사 대표님과의 미팅은 너무나 설레게 만들었다.

한국 고우 직영 1호점은 야키토리 전문점이라는 타이틀을 내걸고 시작하는 만큼 야키토리 전문가가 필수였는데, 당시 나는 꼬치에 대해 문외한이었기에 일본 고우에서 꼬치 마스터가 직접 파견을 나왔다. 하루가 멀다 하고 여러 식자재 업체와 미팅을 하고 황학동, 남대문 시장 등지로 기물 및 식기 보러 다니기, 기본적인 한국어 가르치기 등 하루가 너무 짧았고, 몸이 열 개라도 부족했다. 그래도 정말 신이 나게 일했다. 매장 운영 경험이 없었기에 좌충우돌 매일 정신없었지만, 그래도 초반 안정화에 특히 야키 마스터의 공이 컸고 일본 고우의 아라이 양상도 물심양면 많은 서포트를 해주었다. 외투 법인의 설립을 위해 주무 기관과 은행 문지방이 닳도록 방문했고, 파견 직원의 비자를 위해 출입국사무소도 수없이 드나들었다. 동시에 인테리어 작업도 진행되면서 오픈 일자는 하루하루 가까워졌다.

2013년 4월 13일, 그랜드 오픈! 이날을 잊을 수가 없다. 일본 고우 본사의 아라이 양상도 홀에서 열심히 외치며 서포트를 해주었고 일주일 지나자 둘 다 발과 입이 퉁퉁 부르터서 엄청 고생한 기억이 지금도 생생하다. 첫 달의 매출은 2,500만 원이 채 안 되었다.

지금 생각해보면 '고우도 그럴 때가 있었네' 싶지만, 당시에는 인건비 등의 고정비를 고려할 때 심각하게 걱정되는 매출이었다. 이태원 상권이라 오픈발도 조금 기대했지만 메인에서 살짝 빗겨난 매장 입지와 튀지 않는 외부 인테리어로 그마저도 전혀 없었다. 결국 매장을 알리는 쿠폰을 만들어 직원들과 아르바이트생들과 함께 매장 밖으로 나가 직접 발로 뛰는 홍보를 진행했다. 하지만 낮은 매출은 한동안 지속되었고 막연한 불안감은 감출 수 없었다.

한 3개월 정도 지날 무렵 어느 정도 입소문이 나기 시작했는지 매출도 조금씩 반응을 보이기 시작했고 1년 차에 접어들었을 때는 월평균 매출이 안정적으로 5,000만 원 이상 나오기 시작했다. 2년 정도가 지나서는 이태원 직영점의 장기 매출 목표를 정하고 구체적으로 실행해나갈 때가 되었다는 생각이 들었다. 면적 20평의 작은 매장임을 고려할 때 현실적인 최대 목표치는 월 7,000만 원 정도라는 판단을 했는데, 물론 당시에는 그 매출도 희망과 기대치가 가득 들어간 달성하기 쉽지 않은 목표라고 생각했다. 하지만 이를 달성하기 위해 끊임없이 노력하였고 어떻게 하면 매출을 끌어올릴 수 있을지 항상 고민했다.

그렇게 모든 직원들이 정신없이 노력하며 보낸 지 4년 정도 지날 무렵, 고우는 8,000만 원이라는 매출을 넘어서 월 1억 원을 넘기게 되었다. 그리고 2020년에는 이태원에 직영 2호점을 오픈했고 청담점과 범계점 등 2개의 가맹점도 안정적으로 운영하고 있다.

고우가 한국에 자리 잡은 비결

우리나라의 꼬치구이 1세대라면 '투다리'일 것이다. 예전만큼 쉽게 찾아볼 수는 없지만 그래도 많은 매장이 아직 영업 중이다. 10년 전 고우가 오픈할 때만 해도 야키토리 매장이 그리 많지는 않았다. 더구나 일본 사람이 직접 운영하는 매장이나 일본 브랜드는 거의 볼 수 없었다. 그러나 10년이 지난 지금 야키토리 매장은 급속도로 늘었다. 비단 야키토리뿐 아니라 일본 브랜드가 많이 들어왔다. 과거의 실패 사례를 발판 삼아 한층 더 야무지게 성장하고 있다.

사라진 이름들

한국과 일본은 같은 문화권에 속해 있고 역사적으로 밀접하게 교류해왔음에도 닮은 부분 못지않게 서로 차이가 큰 부분도 많다.

특히 음식 문화가 그중 하나라고 할 수 있는데, '가깝고도 먼 나라'라는 표현은 일본과 한국의 관계와 특징을 가장 적절하게 나타낸 말이라고 생각한다.

사실 우리가 일본의 다양한 음식 문화를 본격적으로 접하기 시작한 때는 일본의 대형 프랜차이즈들이 국내에 진출하기 시작한 1980년대 후반이다. 당시로서는 한국에 비해 상대적으로 선진화된 시스템과 거대 자본을 갖추고 있었는데, 소위 1세대라고 할 만한 일본의 브랜드는 일본 내 1위로 1,400여 개의 매장을 운영하고 있었던 '도토루커피', 1994년 제일제당이 도입한 패밀리레스토랑 '스카이락', 1995년 두산을 통해 진출한 일본 3대 규동 체인점 '요시노야' 등을 꼽을 수 있다.

이후 2000년대에 들어서는 소위 2세대라 할 수 있는 일본 외식 브랜드들이 본격적으로 진출했다. 1세대와는 달리 서양 외식 문화의 인기와 프랜차이즈 시장 활성화에 편승할 수 있는 보다 글로벌한 브랜드를 중심으로 시장을 공략했다. 이 시기에 진출한 대표적인 브랜드로는 '가츠라', '사보텐', '코코이찌방야', '프레쉬니스버거', '프론토', '포무노키' 등이 있으며, 현재까지 매장을 운영하고 있는 브랜드도 있다.

2010년대부터는 일본 외식 시장의 포화, 한국 시장에 대한 학습과 경험, 엔저 효과 등으로 인해 그동안 한국 시장에서 큰 성과를 거두지 못했던 일본의 대형 프랜차이즈들이 다시 적극적인 진출을 꾀했다. 아직은 한국 소비자에게 생소했던 일본 고유의 음식을 주메뉴로 하는 외식 브랜드도 자신만의 독창적이고 차별화된 경쟁력을 가지고 한국에 진출했다. 이 시기의 브랜드로는 '갓덴스시', '스시로', '마루가메 제면', '만텐보시', '고에몬', '잇푸드', '모스버거', '사까나야', '호토모토 도시락' 등이 있으며, 고우도 2013년 한국에 진출했다.

이렇게 개략적이나마 정리해보니, 정말 다양한 일본 외식 브랜드들이 한국에 진출했고 또 순식간에 사라지기도 했다. 사실 거의 30여 년에 걸쳐서 수많은 유명 브랜드들이 한국 시장을 공략했지만 현재까지 10년 이상 생존하고 있는 일본 외식 브랜드들은 결코 많지 않다.

그들은 왜 사라졌을까?

수많은 일본의 유명 외식 브랜드들이 한국에 진출했는데도 성공적으로 안착한 브랜드가 손에 꼽을 정도밖에 되지 않는 이유는 무엇일까?

먼저 2010년도 이전까지는 한국의 소비자와 외식업에 대한 이해 부족으로 한국 시장에 제대로 적응하지 못한 것이 가장 큰 실패의 원인이었다. 충분한 시장조사나 사전 검토 없이, 단지 일본에서 성공한 브랜드이니 당연히 한국에서도 통할 거라는 무모한 생각이 결국 쓴맛을 보고 돌아가게 만든 것이다.

2010년 이후에는 일본 여행을 하는 사람들이 늘면서 한국의 외식 시장도 일본 브랜드에 대한 거부감이 많이 줄고 일식에 대한 선호도도 높아졌다. 더구나 당시 엔저 효과로 일본 식재료나 인건비 등이 예전보다 저렴해서 일본의 외식 브랜드가 한국에 진출하기에 아주 좋은 시기였다. 이때 우동, 스시, 돈가스 등 일식 고유의 특성을 살린 브랜드들이 한국 시장을 적극적으로 공략하기 시작했다.

하지만 엔저 효과는 그리 오래가지 않았고 여전히 한국 시장을 제대로 이해하지 못한 부분들은 실패의 원인으로 작용하게 되었다. 예를 들어 일본에서 중저가인 우동, 돈가스 등이 국내에서 중고가로 책정되었는데, 우리나라에서도 서민적인 메뉴들인 만큼 국내 소비자들의 호응을 얻지 못한 건 당연한 결과였다. 더구나 일본 현지의 고유한 맛을 내는 데 실패하거나, 일본에서처럼 반찬도 추가 금액을 받는 등 우리의 정서와는 맞지 않는 부분들도 여전히 많았다. 무엇보다 한국 시장과 소비자에 대한 이해 부족이 가장 큰 원인이었다.

일본 외식 브랜드의 한국 진출 방식

일본의 외식 브랜드들이 한국에 진출한 방식은 크게 직접투자 방식(Green Field Investment), 합작투자 방식(Joint Venture), 마스터 프랜차이즈 방식(Master Franchise) 3가지로 정리할 수 있다. 먼저 직접투자는 말 그대로 해외 진출 시 법인을 직접 설립하거나 시설에 직접 투자하는 방식이다. 단독으로 진행하다 보니 안정된 경영권 확보와 성공 시 회수 이익이 크다는 장점이 있는 반면 실패 시 경제적 리스크도 그만큼 크다는 단점이 있다.

합작투자는 각국의 투자기업들이 현지에 1개의 기업을 공동으로 설립해 운영하는 방식이다. 합작에 참여하는 기업들은 위험을 분담하고 자본과 기술 등 각자의 강점을 이용할 수 있는 반면 투자 지분에 따라 소유권과 기업 경영을 분담하다 보니 안정된 경영권 확보와 과감한 의사 결정이 힘들다는 단점이 있다.

마스터 프랜차이즈는 다국적 프랜차이즈 기업이 직접 해외에 진출하는 대신 현지의 외식기업과 계약해 가맹사업 등 운영권을 주는 방식이다. 투자 비용과 시장 리스크를 최소화하면서 로열티 수입을 안정적으로 얻을 수 있는 반면 현지 시장 진출의 운영 노하우를 전혀 얻을 수 없다는 단점이 있다.

정통성과 현지화를 적절하게 조합하라

지금은 일본의 이자카야 외식기업과 일본인이 운영하는 야키토리 매장을 주변에서 어렵지 않게 접할 수 있지만, 고우가 한국에 진출했을 무렵만 해도 다른 외식 브랜드와 달리 이자카야 브랜드가 한국에 직접 진출한 사례는 거의 없었다. 현재는 한일합작 브랜드이지만 고우의 최초 한국 진출은 외국인 직접투자 방식으로 진행되었다. 고우가 직접투자 방식을 선택한 이유는 여러 가지 있는데, 그중 가장 큰 이유는 한국 시장에 제대로 자리 잡기 위해서는 브랜드의 기본과 운영의 통일성을 지키는 것이 가장 중요하다고 생각했기 때문이다.

고우가 일본 브랜드임에도 불구하고 한국 고객들로부터 많은 사랑을 받으며 10년 가까이 자리를 굳건히 지킬 수 있는 이유는 일본 야키토리 브랜드로서의 정통성을 지키면서 최소한의 현지화가 적절히 이루어졌기 때문이다. 사실 어떤 유명 브랜드라 할지라도 현지가 아닌 다른 나라에 진출해 그 나라 사람들의 사랑을 받고 자리를 잡기 위해서는 적절한 현지화가 필요하다. 브랜드 고유의 정통성을 지키면서 어느 정도의 현지화를 할 것인지가 가장 중요한 부분이며 성공의 관건이라고 할 수 있다.

스시를 예로 들어보자. 이제는 미국에서도 '스시'가 즐겨 먹는 인기 음식이 되었다. 그러나 미국인들이 스시를 처음 접했을 때만 해도 날생선에 익숙하지 않은 그들에게는 아주 이상한 음식이었다. 당장 인기가 없다는 이유와 현지화라는 명목하에 생선을 익히거나 샐러드처럼 제공했다면 어떻게 되었을까? 일부 미국인들의 선택을 받을 수도 있었겠지만, 본질과 완전히 달라진 메뉴를 일본의 스시라고 말할 수 없을 것이고 나아가 그 명맥도 제대로 유지하기 어려웠을 것이다.

고우도 마찬가지다. 고우가 처음 한국에 진출한 이후 메뉴에 대해 고객에게 가장 많이 들었던 말은 꼬치구이가 덜 익었다는 것과 꼬치구이에 사용하는 타레가 짜다는 것이었다.

한국 진출 초반에는 일본 본사에서 가장 뛰어난 야키토리 마스터를 한국에 파견했다. 베테랑 마스터는 일본 고우의 레시피 그대로 꼬치를 굽고 일본 고우의 타레를 그대로 사용했다. 그런 최고 베테랑이 구운 꼬치구이가 한국 사람 입맛에는 덜 구워진 것처럼 느껴졌다는 것이다. 사실 그 이유는 일본 사람들은 완전히 익히기보다는 살짝 덜 구워진 느낌의 꼬치구이를 더 선호하고 즐겨 먹기 때문이다. 당연히 일본인의 입맛에 맞춰서 구운 꼬치구이는 한국 고객에게 익숙하지 않아서 덜 익은 것처럼 느껴졌고 컴플레인이 나올 수밖에 없었던 것이다.

타레 역시 일본 고우의 레시피 그대로이고 일본 사람들에게 아주 인기 있는 맛인데 한국 사람들에게는 상당히 짜게 느껴진 것이다. 나중에 알게 되었지만 일본 사람들과 한국 사람들이 느끼는 짠맛과 단맛의 정도가 서로 다르기 때문이었다.

일본 사람은 강한 짠맛을 맛의 깊이가 있다고 느끼는 반면 한국 사람은 단순히 짜다고 생각한다. 반대로 한국 사람들이 맛이 깊다고 느끼는 짠맛에 일본 사람들은 별 맛을 느끼지 못하는 경우가 많다. 물론 개개인의 입맛 차이도 분명히 있겠지만, 일본인과 한국인의 기본적인 입맛 차이와 선호도 차이가 분명히 있는 것이다. 이런 맛의 미세한 차이를 이해하며 한국 시장에 맞게 현지화하는 데 많은 어려움을 겪었지만, 수많은 노력 끝에 적절한 접점을 찾는 데 성공했다.

한편 레시피를 고수해서 손님의 선택을 얻어낸 메뉴들도 있다. 고우의 '시자 사라다'는 살짝 반숙한 달걀노른자를 샐러드에 올리는 메뉴다. 흔히 알고 있는 시저 샐러드를 생각하고 주문한 손님들은 대부분 맛이 이상하다는 반응이었고, 이자카야에 시저 샐러드가 있다는 것 자체를 의아해하기도 했다. 그러나 일본 이자카야에서는 흔히 볼 수 있는 일반적인 메뉴고 일본 손님들이 오면 거의 100% 주문하는 시자 사라다를 두고 정통 레시피 유지를 고민하게 되었다. 결국 정통 레시피를 준수하되 메뉴명을 '일본식 시자 사라다'라고 변경해 한국 손님들이 어느 정도 맛을 예측하고 적응하도록 했다. 이후 컴플레인이 줄고 시간이 흐를수록 인기를 얻게 되어 고우의 주요 메뉴로 자리 잡았다.

이렇게 한국 시장에서 일본의 외식 브랜드가 제대로 현지화하기 위해서는 브랜드의 핵심 본질을 지키면서도 각자의 미세한 차이를 이해하고 현지에 맞게 잘 변화하는 것이 매우 중요하다. 사실 최소한의 현지화는 필수불가결한 부분이므로, 근본적으로 다른 부분은 이해하고 인정하되 브랜드 메뉴의 본질은 최대한 벗어나지 않으려는 노력이 필요하다. 특히 개인적으로 강조하고 싶은 부분은 현지화와 변화도 결코 본질과 기본에서 벗어나면 안 된다는 것이다. 결코 쉬운 일은 아니겠지만 적절한 현지화가 바로 성공과 실패를 좌우한다.

일본 브랜드를 창업하려면 일본 문화를 먼저 이해하자

일본의 외식 브랜드를 국내에 들여오거나 또는 일본 외식 아이템을 운영하기로 결정했다면, 이제는 실제 매장 오픈 및 운영 준비를 본격적으로 해야 한다. 일본은 '가깝고도 먼 나라'라는 말이 딱 들어맞을 정도로 음식, 술, 식기 등 외식 문화 전반이 우리와 다르다. 이러한 차이를 잘 이해하는 것이야말로, 일본 브랜드를 도입해 창업할 때 고유의 가치를 지키면서 적절한 현지화를 통해 실패와 시행착오를 최대한 줄일 수 있다.

음식의 맛

먼저 일본 음식과 한국 음식의 맛 차이를 제대로 이해해야 한다. 일본 음식은 양념이 복잡하기보다 기본 조미료에 설탕, 청주, 미린 등을 살짝 첨가하는 경우가 많아서 한국 음식 맛에 비해 조금은 단조롭고 달짝지근하게 느껴진다. 한국인이 자극적인 국류를 좋아하는 데 비해 일본인은 상대적으로 담백한 음식을 선호하며 이런 부분에서 음식 맛의 차이를 명확히 느낄 수 있다.

일본 음식을 벤치마킹할 때 한국인의 입맛에 맞춰 상대적으로 강하고 복잡한 한국의 양념을 추가하려는 유혹에 빠진다. 그러나 잘못된 현지화는 본연의 맛과 매력까지 잃기 마련이다. 먼저 자신이 운영할 브랜드의 고유한 맛과 특징을 분명히 정의하고 이해한 후, 그에 따라 고객에게 일본의 맛을 어디까지 보여줄 것인지 또 한국의 맛을 어떻게 가미할 것인지를 결정할 필요가 있다.

음식 세팅

일본 음식을 시각적으로 처음 접할 때 공통적으로 한국 음식과 다르게 느끼는 것이 바로 식재료를 개별로 즐길 수 있게 만든 간결한 음식 세팅일 것이다. 이러한 음식 세팅은 일본의 전통적인 식기와 잘 어울려 묘한 매력을 느끼게 되는 부분이기도 하다. 눈에 띄는 차이 중에는 젓가락 놓는 방법도 있다. 우리는 젓가락을 세로로 놓는데 일본은 가로로 놓는다. 그리고 일본은 공동으로 먹는 음식은 전용 젓가락을 이용하기에 기본적으로 별도의 젓가락까지 함께 세팅한다.

고우 역시 일본의 방식대로 가로로 세팅을 하고 있으며, 덜어서 먹어야 하는 메뉴들은 손이 더 가더라도 반드시 별도의 젓가락을

함께 제공한다. 물론 익숙하지 않은 손님들은 이용하다 보면 무의식적으로 젓가락을 다시 세로로 놓기도 한다. 자신이 창업하고자 하는 브랜드의 특성을 잘 이해하고 파악해 작은 부분까지도 세심하게 신경을 써서 더욱더 매력적으로 표현해볼 필요가 있다.

식기

식기는 우리나라의 경우 대량생산하는 도자기류나 스테인리스 제품을 많이 사용하는 데 반해, 일본은 나무 제품과 수제 느낌의 도자기류를 선호한다. 물론 젓가락은 목재를 사용하는 것이 일반적이다.

식기의 형태도 일본은 음식의 특성에 맞추어 크기, 모양, 색깔 등 여러 종류를 다양하게 선택하기에 식기의 중요성이 더 강조되는 편이다. 특히 일본 음식의 특징은 요리의 계절감과 재료의 신선함을 매우 중요시하는 것인데, 식기는 계절감과 신선함을 표현하는 아주 중요한 수단이 되기도 한다.

물론 어떤 나라의 음식이라도 식기는 눈을 즐겁게 하고 식욕을 돋우며 그 음식이 나타내고자 하는 특징을 잘 보여주는 역할을 한다. 하지만 일본 음식은 특히 더 음식과 식기의 조화가 중요하고, 그 조화가 무너지는 순간 일본 음식의 장점을 부각하지 못한다. 따라서 일본 외식을 창업하고자 한다면, 음식과 식기의 조화를 항상 신경 쓰고 알맞은 식기를 잘 선택할 필요가 있다.

외식 문화

일본의 외식 문화는 에도시대에 소바, 덴푸라, 오뎅 등 일반 대중들을 위한 저렴한 요리에서 출발했고, 메이지시대 이후부터는 점점 고급화되고 특정 음식만을 취급하는 전문점으로 발전했다고 한다. 물론 현재 일본에서 서민들에게 가장 인기 있는 메뉴는 카레라이스, 돈가스, 함박스테이크와 같이 일본인의 입맛에 맞게 변형된 서양 음식, 즉 소위 '일식화된 양식'이다. 여기에 샐러리맨과 여행자를 위한 일본 특유의 도시락 문화가 발전했고, 일본 경제의 고도성장과 더불어 패밀리 레스토랑과 패스트푸드로 대표되는 프랜차이즈 체인이 외식 문화의 중심을 차지하게 되었다.

사실 일본 외식 브랜드를 운영하면서도 자신이 판매하는 음식의 본질과 트렌드를 잘 모르는 경우를 가끔 본다. 얼마 전 우연히 일본 가정식을 판매하는 프랜차이즈 음식점을 방문한 적이 있다. 그런데 한국의 가정에서 볼 수 있는 메뉴와 반찬 구성을 보고 내가 아는 일본의 가정식이나 현지 메뉴와 너무 달라서 순간 당황했다. 적어도 일본 외식 브랜드 또는 일본 외식 아이템을 운영하고자 한다면 일본 음식 문화에 대해 꾸준히 공부하고 잘 이해할 필요가 있으며, 일본 음식의 본질에서 크게 벗어나지 않아야 더더욱 사랑받는 브랜드가 되지 않을까 싶다.

술 문화

일본은 한국과 구분되는 아주 독특한 술 문화를 가지고 있다. 먼저 일본인이 제일 좋아하는 술을 하나 꼽으라면 단연 맥주다. 우리는 식당이든 이자카야든 들어가 앉으면 물부터 달라고 하지만, 일본은 "사키니나마비루!(우선 생맥)"라고 할 정도로 생맥주를 먼저 찾는다. 따라서 일본의 맥주를 빼고서는 일본의 술 문화를 이야기할 수 없다.

한국에서 일본 이자카야를 오래 운영하다 보면 한국의 술 문화와 일본의 술 문화가 서로 융합되거나 조화를 이루는 모습도 발견한다. 한국에서는 윗사람 앞에서 고개를 돌려 술을 마시는 문화가 있는데 일본에는 그런 문화가 없다. 지인이 일본 사람과 결혼을 앞두고 상견례를 하는데, 한국 측이 일제히 고개를 돌리고 한잔하는 모습을 보고 한류 팬인 일본 시어머니가 드라마에서만 보던 모습을 바로 앞에서 목격하고 신기해했다는 일화도 있다. 또 일본에서는 상대방의 잔이 모두 비기 전에 술을 따라주는 첨잔이 술자리 예의이지만, 우리나라에서는 첨잔을 꺼리고 예의가 없는 행동으로 보기도 한다.

또 다른 일본의 술 문화로 '와리 문화'가 있다. 물에 희석해서 마시는 미주와리, 우롱차에 희석하는 우롱와리 등이 그것이다. 물론 일본도 처음부터 섞어마시는 문화는 아니었고 우리처럼 스트레이트로 마셨지만, 술에 취해 많은 문제가 생기다보니 지금처럼 도수를 약하게 만들어 마시는 문화가 된 것이라고 한다.

이렇게 한국과 일본의 다른 술 문화를 체험하는 것도 참 재미있고 신기한 일이다. 일본 브랜드를 운영한다면 일본 문화를 전파하는 전도사가 될 필요가 있다. 한국에는 다소 낯설고 생소할 수 있는 술 문화라도 일본의 문화를 전파하거나 접목한다는 생각으로 계속 시도해보는 것도 좋으리라 생각한다.

맞지 않으면 과감하게 버리자

일본어에 '닷치노미, 닷치타베'란 말이 있는데, 서서 마시고 먹는 것을 의미하는 일본어다. 일본에서는 직장인들이 퇴근길에 선술집에 들러 혼자 간단히 술을 마시거나 여러 명이 서서 가볍게 간단한 안주와 맥주 한두 잔을 마시고 집에 돌아가는 모습을 쉽게 볼 수 있으며 이러한 음주 문화가 대중화되어 있다.

수년 전 이자카야 창업을 희망하는 분이 우리나라에서도 이런 방식의 이자카야를 만들면 테이블 회전율을 높이고 핫한 매장이 될 수 있을 것 같다며 나에게 상담을 요청한 적이 있다. 결론적으로 부정적인 의견을 주었다.

이런 아이템에 대한 시도가 전혀 없었겠는가. 이태원역 바로 앞에도 서서 먹는 바가 생겼다가 6개월도 못 가 철수했고, 일본에서 유명한 모 브랜드도 이태원에 처음 오픈할 때는 의자 없이 시작했다가 결국은 얼마 못 가서 의자를 들여놓았다. 아무리 일본에서는 대중화된 문화이더라도 음식을 계속 서서 먹는 것은 역시나 아직까지 우리에게 쉽게 받아들여지기 힘든 문화인 듯하다.

또 일본에서는 손님이 생맥주를 거의 다 마시면 "오카와리이카가데스까?(한잔 더 갖다 드릴까요?)"라고 손님에게 먼저 추가 의사를 묻는데, 이것은 일본의 술 문화이자 손님에 대한 배려이다. 사실 일본 고우에서 한국에 방문했을 때 한국은 왜 그렇게 하지 않는지 궁금해했고, 한국 고우도 여러 번 시도한 적이 있다. 그러나 손님들의 반응은 고맙다기보다 더 마시라고 강요한다는 분위기였고, 한국인인 나 역시도 그런 부분이 충분히 이해가 되어 결국에는 이 서비스를 포기했다.

이렇게 일본에서는 너무나 당연한 문화도 우리나라에서는 받아들이기 힘든 경우가 많다. 특히 음식 문화의 차이는 사람의 입맛과 습관에 관한 것이라 맛에 적응하고 인식이 변화하기까지 최소한의 시간이 필요하다. 물론 일본 브랜드를 창업해 운영한다고 해서 그 문화까지 그대로 고집할 필요는 없다. 고집할 건 고집하고, 포기할 건 포기해야 한다.

일본 브랜드 국내 도입 및 창업 시 유의할 점

일본 브랜드는 성공을 보장한다?

외식 시장이 기존 브랜드 간의 경쟁으로 이미 포화 상태이고 소비자들의 눈높이는 계속 높아지고 있다. 그에 따라 소비자들은 보다 참신하면서도 특별한 외식 아이템을 더 선호하는 것으로 보인다. 특히 지금은 그 어느 때보다도 일본 외식 아이템에 대한 인기가 매우 높은데, 일본 특유의 섬세한 분위기가 한국 사람들에게 좋게 받아들여지고 있다. 무엇보다 일본과의 오랜 역사적, 문화적 관련성 때문에 다른 어떤 해외 음식보다 쉽게 받아들이는 것이다.

그러다 보니 개인적으로도 국내 론칭을 고려하는 일본 브랜드로부터 상담과 문의를 가끔 받는 편이다. 사실 전문가의 도움을 전혀 받지 않고 해외의 낯선 브랜드에 관심을 갖고 사업을 추진하는 것은 결코 쉬운 일이 아니다. 그럼에도 불구하고 일본의 외식 브랜드나 인기 음식을 국내에 도입하는 사례는 점점 많아지고 있으며 앞으로도 더욱 늘어날 것으로 보인다.

다만 일본 시장에서 성공한 브랜드나 아이템이라고 해서 국내 시장의 성공이 반드시 보장되는 것은 아니다. 왜냐하면 일본과 한국의 외식 문화에는 분명한 차이가 존재하기 때문이다. 최근 자료에 따르면 일본 시장과 국내 시장의 트렌드 시차가 많이 좁혀졌고, 매년 국내에 도입된 10개의 해외 브랜드 가운데 4개 정도는 사라진다고 한다. 따라서 아무리 일본에서 성공한 브랜드라 할지라도 국내에 도입하고자 할 때는 치밀한 전략과 준비가 필요하다.

일본 외식 브랜드를 도입할 때는 이런 부분에 주의하자

일본의 외식 브랜드나 음식을 국내에 도입하거나 벤치마킹할 때는 다음 사항에 주의할 필요가 있다.

시장과 소비자를 철저히 비교·분석한다

일본 브랜드나 아이템을 국내 시장에 접목하기 위해서는 먼저 해당 브랜드의 성공 요인을 다양하게 분석할 필요가 있다. 특히 그 브랜드가 주요 타깃으로 하는 소비자들의 문화적 인식과 생활수준은 어떤 차이가 있는지, 또 그 브랜드에 대해 한국의 소비자가 어떻게 반응할 것인지 등을 미리 생각해봐야 한다. 실제로 모 유명 브랜드가 한국에 진출할 때 일본의 저렴하고 캐주얼한 콘셉트를 강남 한복판에 고급 브랜드로 론칭했는데, 타깃 시장과 소비자를 제대로 분석하지 않아서 실패한 사례라고 할 수 있다.

브랜드의 성패를 가르는 요소는 단순히 상품과 서비스 자체만이 아니라 숙련된 인력과 시스템, 철저한 시장조사, 고객에 어필하는 마케팅 등 아주 다양하므로, 한국의 시장 및 소비자에 대해서는 사전에 철저히 분석해야 한다.

전문가와 파트너십을 적극 활용한다

뭐든지 아는 만큼 보이는 법이다. 자신의 사업 분야와 관련이 있거나 해당 브랜드에 대해 잘 알고 있다면 도입할 브랜드의 가치를 평가하는 눈도 훨씬 정확할 수 있다. 하지만 철저한 시장조사와 분석을 통해 결정하는 것이 기본임에도 불구하고, 현실에서는 기존의 성공 사례만을 믿거나 개인의 감각과 판단만을 유일한 잣대로 삼는 경우가 많다. 특히 시장조사, 자금 조달, 리스크 헤지, 계약 체결 등은 상당히 전문적이고 어려운 부분이므로, 적어도 전문가의 조언이나 적절한 파트너십을 통해 도움을 받아야 실패를 줄일 수 있다.

어떤 컨설팅 업체를 쓸지, 또 어떤 전문가의 도움을 받을지는 여러 업체와 면담한 후 본인이 최종 결정하면 되지만, 여기서 가장 중요한 점은 바로 본인의 관심과 의지다. 전문가는 결국 도움을 주는 사람이지 자신이 될 수는 없으므로, 핵심 사항은 스스로 공부해서 직접 확인해야 하고 중요한 의사 결정은 그냥 맡기기보다 주도적으로 이끌고 나갈 필요가 있다.

법·제도, 트렌드, 상권 등 경영 환경에 대한 검토도 중요하다

일본 브랜드를 도입할 때는 아이템 자체보다 법·제도적 환경이나 적절한 도입 타이밍을 확인하는 것이 더 중요하다. 왜냐하면 지금 미국, 일본 등에서 크게 유행하고 있는 브랜드 또는 아이템이라 할지라도 한국 시장에서는 아직 허용되지 않거나 한국의 소비자가 받아들이기 어려운 것들도 많기 때문이다.

특히 최근 한일 관계 악화에 따른 반일 감정으로 인해 한국의 상황을 살피지 않고 무작정 도입하다 보면 리스크가 발생할 수 있으므로 적절한 타이밍을 보고 진행하는 것이 매우 중요하다.

상권도 중요한 요소인데, 해당 브랜드의 성격에 따라 적절한 상권을 선정하는 것은 브랜드의 성공 및 안착에 큰 영향을 미칠 수 있다. 아무리 품질과 서비스가 훌륭한 브랜드라도 젊은 층이 주 고객인 상권에서 비싸고 고급스러운 상품을 제공하면 결국은 실패할 수밖에 없다. 특히 상권은 살아 있는 생물과 같이 계속 변화하므로 단기적인 시각과 계산이 아닌 장기적인 비전과 계획을 고려할 필요가 있다. 지역의 개발 등으로 인해 상권의 성격이 갑자기 바뀔 수도 있으므로 대중교통 등 도시 정책에 대해서도 관심을 가지는 것이 좋다.

법적 분쟁을 미리 방지하고, 법적 권리를 확보한다

일본 브랜드를 한국에 그대로 도입하고자 할 경우에는 직접 현지의 본사와 정식으로 계약을 체결하고 적정한 로열티나 대가를 지불하는 과정을 거쳐야만 나중에 불리한 상황을 겪지 않게 된다. 특히 외국의 브랜드를 정식으로 도입하는 것이 아니라 벤치마킹하는 경우에는 상표를 도용하거나 아이템을 무단 복제하지 않도록 더욱 주의해야 한다. 1990년대쯤에 매우 참신한 아이템으로 한국에서 성공했던 모 프랜차이즈는 일본 브랜드를 복제했다는 이유로 소송을 당했는데, 소송의 결과를 떠나 법적 소송에 대응하느라 많은 시간과 비용을 허비했고 브랜드 이미지도 크게 실추되었다.

일본 브랜드가 한국에 진출하는 방식에 따라 주의할 점도 있다. 먼저 마스터 프랜차이즈 방식은 계약 조건을 특히 주의해야 한다. 인기 브랜드에 대한 환상에 휩싸여 브랜드 도입에만 급급하다 보면 성급하게 계약하는 경우가 많다. 특히 자주 문제가 되는 불리한 계약 조건은 로열티 책정이나 점포 오픈 스케줄인데, 너무 비싼 로열티를 지급하거나 몇 년 안에 OO개의 점포를 오픈하겠다고 약속하는 것은 향후 문제가 될 소지가 크다.

합작투자를 고려하고 있다면, 사업 진행 시 당사자들의 역할과 책임, 자금 운영 방법, 이익 배분 등을 명확히 하고, 추후 문제가 생겼을 때 해결 방안(Exit Plan)에 대해서도 미리 규정해두는 것이 좋다. 특히 이렇게 정해놓은 역할과 원칙은 반드시 지키도록 노력하고 서로 조금씩 양보하는 자세도 필요하다.

직접투자 방식은 말 그대로 국내에 직접 투자하는 방식이므로 실패 시 막대한 자본 손실과 브랜드 이미지 추락이 발생할 수 있다. 그래서 시장에 대한 세밀한 검토와 충분한 여유 자본을 사전에 확보하는 것이 특히 중요하다. 일반적으로 일본 본사에서 관리자를 보내거나 현지 채용 직원을 통해 지속적으로 관리하는데, 언어 소통 문제, 문화적 차이, 다양한 이해관계 등으로 인해 분쟁이 생기거나 운영에 큰 장애가 발생할 수 있다. 따라서 신뢰할 만한 직원을 채용하는 것이 무엇보다 중요하고, 상황에 따라 적절한 파트너를 적극 활용할 필요도 있다.

벤치마킹으로 나만의 매장을 구상하라

무작정 따라 하기는 금물

요즘은 음식 프로그램들이 방송의 메인 시간대를 차지하고 있을 정도로 인기가 많다. 그만큼 보고 들은 게 많아진 고객들의 눈높이는 너무나 높아졌으며, 웬만한 평론가 이상이다. 이런 고객들을 만족시키기 위해 외식업 매장들은 최신 트렌드에 맞춰 계속 변화하고 있다.

실제로 많은 창업자들이 잘 모르겠다거나 손쉽다는 이유만으로 매스컴 등을 통해 유명해진 매장을 그냥 따라 하는 경우가 많다. 쉽고 간편한 방법일지 모르지만 한편으로는 치명적일 수 있는 벤치마킹의 함정이다.

나 또한 벤치마킹을 위해 여러 곳을 다닌다. 동종 업계의 상황도 보고 흐름도 파악하기 위해서이다. 술집은 외식업 중에서도 트렌드의 변화가 가장 빠른 업종 중 하나이다. 하루가 다르게 새로운 메뉴와 세련된 디자인이 현장에 바로 도입되는가 하면 맛, 서비스, 분위기 등 어느 하나라도 고객들에게 공감을 얻지 못하면 이익은커녕 하루하루 버티기조차 쉽지 않다. 그래서 수년간 잘 운영하던 이자카야가 하루아침에 문을 닫고 다른 업종으로 바뀔 만큼 술집은 항상 경쟁이 치열하다. 이는 비단 주류업만의 이야기는 아니다.

맛집 등을 찾아다니다 보면 단지 상권과 입지가 좋아서 손님이 밀려 들어오는 매장도 있고, 그런 여건들은 좋지 않은데 맛이나 분위기와 같은 차별화된 매력으로 손님들이 찾아가는 매장도 있다. 그런 곳에 가서 배우고 벤치마킹하는 것은 좋은 공부가 된다.

다만 똑같이 따라 했다가는 아류작이 될 뿐이다. 벤치마킹하더라도 반드시 나만의 것으로 재탄생시켜서 그 가치를 올려야 한다. 여기저기 많이 다니다 보면 정말 훌륭한 아이디어와 메뉴들이 보인다. 눈여겨본 메뉴가 있다면 다른 식재료를 가미하거나 레시피를 좀 더 색다르게 변경하여 자신만의 유일한 메뉴로 만들어야 한다.

이자카야가 벤치마킹하는 브랜드가 되다

최근에는 협력업체나 지인들로부터 고우가 이자카야 사장님들이 벤치마킹하는 브랜드 중 하나라는 이야기를 종종 듣는다. 얼마 전에도 거래처 담당자가 바뀌어서 처음 미팅을 하는데, 그 유명한(?) 고우냐며 놀라는 걸 보고 조금 어색하고 쑥스럽기도 했다.

사실 매장에 있다 보면 단순히 손님이라고 하기엔 좀 미심쩍은 분들이 노골적으로 매장 내외부와 메뉴 사진을 찍는 광경을 자주 목격한다. 이럴 때면 일본 브랜드들이 살아남기 쉽지 않은 환경에서 잘 운영해 벤치마킹을 하는 브랜드까지 되었다는 사실에 한편으로는 뿌듯하지만 다른 한편으로는 무거운 책임감이 느껴지기도 한다.

1년 전쯤 한국에 진출한 일본 이자카야 브랜드가 있다. 이 일본 외식업체는 매장을 열기 전에 업체의 대표와 담당자들이 고우에 여러 번 방문해 조언을 구했으며 메뉴와 운영 방법 등을 벤치마킹했다. 얼마 전에는 일본의 야키토리 매장에서 10년간 점장으로 일했던 한 일본인이 한국에서 자신의 매장을 오픈하기 위해 고우에서 잠시 일한 적도 있다.

이렇게 한국 진출에 대한 조언을 구하는 일본 외식업체들을 보고 있노라면, 여전히 한국에 관심을 보이는 일본 외식 브랜드들이 많이 있는 반면 한국에 성공적으로 진출하기란 생각보다 쉽지 않다는 사실을 실감할 수 있다. 고우는 아직 성장 중인 작은 브랜드이지만, 일본 외식업 매장을 운영하기를 원하거나 한국 진출에 관심이 있는 일본 외식 브랜드들의 교두보 역할을 할 수 있다면 그 또한 의미 있고 보람된 일이라고 생각한다.

벤치마킹에도 노하우가 있다

요즘에 생긴 외식업 매장들을 다니다 보면 아주 독특하고 세련된 인테리어도 많은데, 문득 따라 해보고 싶을 때도 있다. 하지만 매장의 분위기를 벤치마킹하는 경우라도 그 분위기가 우리 매장과 맞는지, 내가 하는 아이템과 맞는지 등을 종합적으로 판단하고 결정해야 한다. 잘못된 벤치마킹은 오히려 독이 되기 때문이다.

벤치마킹을 할 때는 다음과 같은 몇 가지 기준을 가지고 실행하는 것이 좋다.

본인의 매장 콘셉트와 아이템에 맞아야 한다

벤치마킹을 하려면 먼저 본인 매장에 대해 제대로 파악하고 매장의 콘셉트에 맞게 일관성을 가지고 적용해야 한다. 내 매장의 콘셉트나 추구하려는 방향 등에 대해 제대로 알고 있지 않으면, 벤치마킹을 하더라도 어울리지 않는 옷을 입는 것과 같고 새로운 발상을 얻는 데도 한계가 있다. 좋은 아이디어라고 생각해서 무작정 따라 하면 내 매장의 조화를 깨뜨릴 수도 있다. 몇몇 여배우의 눈, 코, 입을 똑같이 따라 성형하면 무조건 예뻐질까? 그렇지 않다. 참고는 하되 실행 전 반드시 내가 추구하는 콘셉트와 맞는지 잘 검토해야 한다.

고우는 일본 정통 야키토리이기에 일본다움이 가장 중요한 콘셉트이다. 따라서 일본답지 않은 분위기는 아무리 좋아 보여도 함부로 채택하지 않는다. 반대로 고우의 분위기를 살릴 수 있는 아이템이라면 수많은 고민을 통해 어떻게든 적용해보려고 최대한 노력한다.

나의 스타일과 맞는지 따져봐야 한다

그 매장의 분위기는 주인을 닮는다고 한다. 주인이 나타내고자 하는 대로 꾸며지기 때문이다. 내가 파는 아이템에 초점을 맞춰야 하는 게 가장 중요하지만, 나와 전혀 다른 스타일로 꾸며진다면 애정 어린 관심을 갖고 오래도록 그 분위기를 유지하기가 쉽지 않다.

고우는 손님들이 편안함을 느낄 수 있도록 화초 등으로 내추럴한 분위기를 내고 있는데, 자연을 좋아하는 나의 스타일을 최대한 녹여낸 것이다. 물론 사장들 대부분은 당연히 본인 매장에 애정을 쏟아붓는다. 아무리 손님을 위한 공간이지만 사장도 함께 만족스러워야 한다.

업종에 상관없이 모든 분야가 벤치마킹의 대상이다

같은 업종과 업태뿐만 아니라 내 브랜드와 상관없는 분야라도 배울 점은 정말 많다. 이자카야를 하고 있다고 해서 이자카야나 일본 외식업 매장만 찾아다닐 필요는 없다.

그리고 관심 있는 부분만 보는 게 아니라 종합적으로 봐야 한다. 예를 들어 단편적으로 내가 관심 있는 인테리어, 음식, 주방, 그릇, 종업원들만 보는 것이 아니라 모두 종합적으로 봐야 한다.

메뉴나 인테리어 분위기는 그때그때 유행이 있다. 특히 인테리어는 잠시 유행하다 말 것인지 등을 잘 판단하여 참고해야 한다.

시스템과 매뉴얼을 파악하라

보이는 부분은 혼자서도 파악할 수 있지만, 내부 시스템은 파악할 길이 없다. 그러나 포기하지 말자. 적당한 타이밍에 일하는 직원들에게 슬쩍슬쩍 물어보자. 모두가 응해주는 건 아니지만 얘기를 잘해주는 직원들도 꽤 있다.

어느 매장에 벤치마킹하러 갔는데, 음식 맛, 데커레이션, 서비스 등이 샘이 날 정도로 괜찮았다. 그대로 나가기엔 너무 아깝기도 하고 궁금하기도 해서 바에 앉아 앞의 직원에게 은근슬쩍 이것저것 궁금한 사항에 대해 질문한 적이 있다. 목적이 있어서 간 이상 결코 망설일 이유가 없다.

적용 부분을 찾아 나만의 것으로 만들어라

벤치마킹 후 적용할 수 있는 부분은 좀 더 고민하여 업그레이드하거나 내 것으로 만들어야 한다. 알리바바의 창업자 마윈이 한 말을 기억하자. "당신은 경쟁자에게 배워야 한다. 단, 절대로 따라 하지 마라. 따라 하면 죽을 뿐이다."

방문할 매장의 리스트를 정하고 미리 공부하라

배우려는 자세가 있다면 망해가는 매장에서도 배울 거리를 찾을 수 있다고 한다. 벤치마킹은 내가 시행착오를 덜 겪기 위해서 하는 것이다. 내 매장의 미흡한 점 등을 미리 파악한 후, 방문할 매장 역시 미리 정하고 체크사항 등을 정리하는 것이 좋다.

고우의 벤치마킹은 계속된다

오픈 초기에는 한국의 유명 이자카야를 많이 찾아가 보기도 하고 또 시장조사를 위한 노력도 아주 많이 했다. 그때만 해도 사업 방향을 제대로 정해나아가고 있는지, 운영 방법이 고객들에게 만족을 주고 사로잡을 수 있을지 명확한 확신이 없었다.

그랬던 고우가 이제는 이자카야 브랜드들의 벤치마킹 대상이 되었다고 하니, 우리가 선택한 방향과 방법이 맞았다는 안도감과 뿌듯함을 느낀다. 그러나 사실 이런 얘기를 들으면 들을수록 자랑스러운 마음 이상으로 오히려 긴장되고 앞으로 더 열심히 해야겠다는 각오도 다지게 된다.

지금도 고우의 매장 앞에는 "「鶏, 炭, 想」を大事に今日も一串入魂!(재료, 숯, 가치관을 중시하며, 오늘도 꼬치 하나하나에 혼을 불어넣어 굽다)"라는 문구가 다짐처럼 걸려 있다. 고우보다 훨씬 더 오래 운영하고

있는 야키토리 브랜드도 있지만, 고우는 100년 기업을 꿈꾸고 있기에, 내일이 오늘보다 더 발전할 수 있도록 열린 마음으로 지금도 벤치마킹을 게을리하지 않는다.

상권 선택부터 인테리어, 메뉴&서비스, 구인까지

일본의 외식 브랜드가 한국에 진출하든지, 아니면 개인이 자신의 매장을 직접 열든지, 누가 어떠한 브랜드를 어떻게 창업하더라도 실제 매장의 오픈 과정은 거의 동일한 프로세스로 진행되기 마련이다.

사업 아이템이 정해지면 상권과 입지를 결정해야 하고, 매장을 정해서 임대차계약도 체결해야 하며, 인테리어도 아이템에 맞게 디자인하고, 메뉴와 마케팅 전략도 구체적으로 세워야 한다. 그리고 근무할 직원을 당연히 뽑아 교육해야 하고, 영업 신고 등 각종 인허가와 보험 가입도 영업 시작 전에 모두 완료해야 한다.

이 모든 프로세스는 어느 하나도 소홀히 할 수 없으며, 이 과정을 어떻게 잘하느냐에 따라 사실상 사업의 성패가 좌우된다. 매장을 차릴 때는 다음의 과정 하나하나에 세심한 주의를 기울일 필요가 있다.

적합한 상권을 선택하자

상권은 각각의 특징과 장단점이 있기에 자기가 하고자 하는 아이템에 가장 적합한 상권을 찾는 것이 중요하다. 먼저 자신이 운영할 외식 브랜드에 대해 정확히 이해한 후 상권을 선택해야 한다. 즉, 운영할 브랜드가 식사를 메인으로 하는지 아니면 술을 메인으로 하는지, 주된 타깃층은 20~30대의 젊은 층인지 아니면 직장인인지, 메뉴의 가격대가 고가인지 중저가인지 등을 파악해야 한다.

그리고 상권은 특징에 따라 오피스 상권, 술 상권, 복합 상권, 대학가 상권, 주택가 상권 등으로 다양하게 분류할 수 있다. 우리나라의 대표적인 오피스 상권이라면 광화문, 여의도, 테헤란로, 종로 등이 있고, 술 상권이라면 홍대입구, 영동시장, 건대입구, 이태원, 신사동 등을 꼽을 수 있다.

상권의 특징을 이해할 때는 본인의 아이템과의 연관성만을 단편적으로 보지 말고, 자신의 성격이나 가치관, 매장 운영 방식이나 사업 전략 등 복합적이고 장기적인 관점에서 생각할 필요가 있다. 예를 들어 오피스 상권은 직장인들이 주 고객이므로 실질적으로 주5일 장사를 하기에 매출에 한계가 있고 평일 장사가 중요하다. 반면 주말엔 가족과 함께 시간을 보낼 수도 있고 직원을 채용함에 있어서도 주52시간제 운영이나 인건비 절감에 보다 유연성을 가질 수 있다. 또 대학가 상권은 방학 때 학생들이 대부분 학교에 남아 있지 않기에 매출이 감소할 수 있고, 강남과 같은 유명 상권은 그만큼 권리금 및 월세 등의 부담이 크고 많은 투자자본이 필요하다.

입지는 역시 중요하다

상권을 어느 정도 결정했다면 그 상권 내에서도 어떤 입지로 정할지를 좁혀가야 한다. 사실 매장의 입지를 내가 원하는 대로 100% 딱 맞게 들어가기란 정말 쉽지 않다. 상권에는 소위 A급부터 C급에 이르기까지 다양한 입지가 있기 마련이다. 자신의 매장을 어느 입지로 할 것인지 결정하는 부분은 상권을 결정하는 것 이상으로 아주 중요하다. A급 입지는 그 상권의 가장 핵심 구역이기에 그만큼 유동 인구가 받쳐줄 수 있지만, 월세 및 권리금도 많이 비싸므로 현명하게 고려해야 한다. 반대로 B급, C급의 입지로 갈수록 사람들의 이동이 많은 메인 거리에서 멀어지기에 월세 및 권리금 등의 조건이 낮은 만큼 손님들의 접근도 쉽지 않다.

'길 위에 가게를 만드는 게 아니라 가게 앞에 길을 내야 한다', '손님이 찾아오도록 해야 한다', 창업에 성공한 많은 사람들이 이구동성으로 하는 말이다. 물론 금과옥조와 같은 말인 반면 입지의 중요성을 간과할 수 있어서 주의가 필요하다. 장사는 처음도 입지요, 끝도 입지란 말이 괜히 있는 것이 아니다. 지금은 소문만 나면 어떻게든 찾아오는 시대지만, 그렇게 소문이 나기까지 버티는 것이 만만치 않다. 월세 등의 조건이 저렴하다는 이유로 메인 거리에서 많이 멀어지면 그만큼 홍보 비용을 써야 하고 성공 확률도 낮아진다. 어쩔 수 없는 상황이라면, 조건이 조금 떨어지는 A마이너스 입지나 B급 입지 정도에서 도전해보는 것도 나쁘지 않다. 대신 이 경우에도 사람들의 동선이 이어질 수 있는 위치를 찾는 것이 좋다.

고우는 이태원 상권의 메인에서 살짝 벗어나 있고 반지하 매장이기에 입지의 관점에서 그다지 뛰어난 매장이라고 평가하기는 힘들다. 다만 메인 거리에서 곁길로 동선이 이어지는 위치이고 같은 건물 1층에 비해 월세도 저렴하며, 무엇보다 야키토리라는 고우의 스타일을 잘 살릴 수 있는 입지다.

특히 고우 2호점의 입지와 관련해서는 사연이 많다. 고우 2호점은 1호점 바로 앞에 있는데, 2호점 자리를 찾기 위해 1년 넘게 강남상권부터 영동시장, 홍대, 건대, 종로 등 안 다녀본 상권이 없을 정도다. 그러나 결국에는 1호점과 같은 이태원으로 결정했다. 작은 상권에 대한 매출의 한계라는 불리함에도 불구하고 1호점과 다른 고객층을 유입시키고자 하는 목적 및 효율적인 관리와 시너지라는 측면을 더 고려했기 때문이다. 이렇게 메인 거리가 아니라도 자신의 브랜드와 잘 맞는 입지가 있다면 과감히 도전해보길 권한다.

매장 선택 시 체크 사항

좋은 건물주 만나기

매장을 선택하는 데 건물주도 고려 사항이라고 하면 사람들은 매장 운영이 건물주와 얼마나 큰 관계가 있겠냐고 생각할 수 있다. 하지만 실제 외식업 매장을 많이 운영해본 사람들은 건물주의 중요성을 잘 알 것이다. 매장을 운영하다 보면 여러 가지 문제로 건물주와 부딪히거나 부탁해야 할 일들이 생긴다. 그러나 인근 매장과의 다툼, 매장 보수, 누수 등과 같이 당연히 도와주거나 해결해 줘야 하는 문제를 나 몰라라 하는 건물주들이 의외로 많아 매장 운영 이상으로 골치를 썩게 된다. 특히 악의적이고 성향이 나쁜 건물주는 정말 피해야 한다. 지인은 스시 매장을 오픈해 인기 매장이 되었는데 건물주로부터 명도를 당해 가게를 닫고 말았다.

건물주의 성향을 직접 알기는 쉽지 않지만, 같은 건물에 입점해 있는 다른 매장주나 건물 근처 주차장 관리인 등에게 넌지시 물어보는 방법으로 미리 건물주의 성향을 파악할 필요가 있다.

매장 상태 확인하기

건물과 매장의 상태를 꼼꼼히 확인해야 한다. 예를 들어 오래된 건물이나 반지하 또는 지하 매장이라면 누수, 역류, 장마 시 침수 등 물과 관련된 부분에 대해 꼼꼼히 살필 필요가 있다. 반지하 매장인 고우도 가장 골치 아픈 문제 중에 하나가 바로 누수와 역류이다. 시도 때도 없이 발생하는 천장 누수와 집수정 문제로 불필요한 비용이 나가고 매장의 운영에도 지장을 준다.

고우 2호점 자리를 찾을 때 소개받은 홍대의 매장은 입지도 좋고 매장 컨디션도 좋았다. 하지만 들어가는 입구가 낮아서 장마 시 물의 유입이 걱정되었다. 부동산중개인은 걱정 말라고 했지만 그냥 넘길 수 없어 근처 주차장 관리인에게 물으니 매년 장마 때마다 물이 유입되는 매장이라는 것이었다. 주변에 미리 확인하지 않고 계약을 했다면 낭패를 볼 뻔했다.

이처럼 매장을 선택할 때는 자신의 느낌과 부동산 업체의 설명만을 참고할 것이 아니라, 입점하고자 하는 곳의 인근 매장이나 주변 사람들, 심지어 식사하러 나온 근처 직장인들에게도 동네 분위기 등에 대한 실질적인 정보를 많이 얻어야 한다. 그 이외에 전기 용량의 증설 가능 여부, 불법 증축 여부, 덕트 공사 시 건물 외부 어디로 빼야 하는지 등도 꼼꼼히 살펴야 할 사항들이다.

동선 파악하기

장사가 잘되려면 무엇보다 손님 유입이 쉬워야 한다. 매장 출입구를 찾기 어렵거나 출입이 번거롭다면, 일부러 찾아오는 손님이 아니고서는 그냥 지나치기 마련이다. 사람들은 누구나 불편하고 귀찮은 것을 싫어한다. 손님들은 불편함을 없애려고 돈을 쓰는 것인데, 불편함을 감수하면서 돈을 쓰기 위해서는 그만큼 더 특별하지 않으면 안 된다. 따라서 손님 유입의 동선과 출입구는 여러 측면에서 잘 확인할 필요가 있다. 예전에 강남구청 쪽에 추천 매장이 나와서 보러 간 적이 있는데, 1층으로 유입 동선은 좋은 곳이었지만 건물 뒤편에 출입구가 있어서 쉽게 찾을 수가 없었다. 당연히 이런 매장은 좋은 점수를 줄 수 없다.

2층 매장은 사람들에게 노출이 잘되는 입지의 매장일지라도 출입 동선이 불편해 손님 유입이 떨어진다. 그러나 2층으로 바로 연결되는 외부 계단이 보기 좋게 만들어져 있다면, 동선도 나쁘지 않고 독특한 매력 요소도 작용할 수도 있을 것이다. 추가로 화장실이나 창고 등이 별도로 있는 경우에도 동선을 고려해야 하고, 인근 매장들과 충돌이 우려되는 부분은 없는지도 확인하는 것이 좋다.

창업비용은 충분히 생각하자

아이템이 무엇인지, 상권과 입지는 어떠한지, 평수와 인테리어는 어떻게 할지에 따라 창업비용은 천차만별이다. 대부분의 창업자는 자신이 생각하는 창업비용을 먼저 정해놓고 그 범위에서 매장을 얻거나 인테리어를 하기 마련이다.

사실 장사라는 것이 처음 시작 전에는 모두 잘될 거라는 장밋빛 기대를 안고 출발하지만, 막상 오픈하고 나면 수많은 어려움과 장애물에 봉착하게 된다. 그중에서도 가장 큰 어려움이 바로 매출과 현금흐름이다. 창업비용을 어떻게든 마련해 장사를 시작하더라도 계획보다 매출이 낮거나 현금흐름이 좋지 않으면, 아이템이 정말 뛰어나고 고객의 호응이 좋아도 갑자기 사업을 접어야 하는 황당한 상황에 처할 수도 있다. 따라서 창업에는 긍정적인 마인드 못지않게 충분한 창업비용과 여유 있는 운영자금이 수반되어야 한다.

특히 전체 창업비용 중 가장 규모가 큰 부분이 바로 인테리어 비용이다. 인테리어 비용은 마음대로 줄이거나 지급을 늦출 수 없으므로, 전체 규모를 정확히 예측하고 자금은 가능한 미리 준비해 두어야 한다. 그럼에도 불구하고 공사를 진행하다 보면 자신이 책정해놓은 비용보다 더 들어가기 마련이다. 좋은 디자인에 대한 욕심은 무한정 커지기 쉽고, 전혀 예상치 못한 부분에서 추가 비용이 들 수도 있으며, 현장의 상황이나 부수적인 공사로 예산을 쉽게 초과할 수 있다. 따라서 인테리어 비용은 가능한 여유 있게 잡는 것이 좋다. 그렇지 않으면 다른 인테리어 부분에서 비용을 줄이거나 고민 끝에 나온 디자인을 포기할 수밖에 없는데, 줄인 부분에 대해서는 나중에 결국 후회하게 된다.

인테리어 예산 책정은 업체와의 조율이 쉽지 않겠지만 가능한 정확하게 예측하고 어느 정도 상한선을 정해놓는 것이 바람직하다. 또 공사 진행 과정에서 생기는 문제들은 업체와 협의해 신속히 결정할 필요가 있다. 인테리어 업체들은 일반적으로 다른 공사일정도 빡빡하게 잡아두기 마련이라, 처음 협의한 일정이 틀어지면 다시 공사 일정을 조율하기 쉽지 않은 경우도 있다. 결과적으로 매장 오픈일이 예정과 달라지거나 큰 분쟁이 발생할 수 있다.

일본인 스태프를 채용해보자

일본 외식업 매장을 운영하는 분들이 많이 하는 질문 하나가 바로 '일본인 스태프를 쓰는 것이 좋은가'라는 것이다. 결론부터 이야기하면 일본 관련 음식점을 운영한다면 어느 정도 채용하는 것이 좋다고 생각한다.

고우는 아르바이트생들이 모두 일본인으로 구성되어 있는데, 워킹 홀리데이로 한국에 왔거나 한국어를 공부하러 온 학생들이다. 기본적으로 고우가 일본 브랜드이다 보니 전혀 어색하지 않고, 일본 브랜드라는 콘셉트를 유지하고 강조하기 위한 측면에서도 좋다. 일본인 스태프를 고용할 때의 장점은 고우가 매장 내에서 일본어를 주로 사용하고 메뉴판이 일본어 기준으로 되어 있어 한국인 스태프에 비해 쉽게 배우고 적응도 수월하다는 점이다.

특히 일본인 스태프들은 일본 음식에 대한 이해도가 높고, 본인이 한 사람 몫을 충분히 해내기 위해 최선을 다한다. 물론 사람 나름이긴 하지만 대부분 열심히 일하고 책임감이 강한 편이라 연락 없이 안 나오거나 갑자기 퇴사하는 비율도 굉장히 낮다.

일본인 스태프를 고용할 때 고려해야 할 점이 있는데 바로 의사소통이다. 한국에 오래 체류한 경우가 아닌 한 한국어 사용에 한계가 있고 고객 서비스나 업무 관련 커뮤니케이션에서 문제가 생길 수도 있다. 사실 한국어가 그리 능숙하지 않은 일본인 스태프들은 입사 초반에 손님 응대가 미숙해 손님들의 오해를 사는 경우도 있다. 따라서 고우에서는 명찰을 착용해 한국인 스태프가 아니기에 미숙할 수도 있는 부분에 대해 미리 양해를 구한다. 또한 일본어를 잘 모르는 사장이라면 채용 및 관리 부분에서 일본인 스태프를 들이기가 결코 쉽지 않지만, 그렇다고 못할 것도 없다.

일본인 스태프를 고용할 생각이 있다면 구인하는 방법도 알아둘 필요가 있는데, '코네스트'라는 사이트에서 가능하다. 무료이기에 부담도 없다. 코네스트에서 우리 매장 홍보도 할 수 있기에 일본 관련 매장을 오픈한다면 이 사이트를 활용할 것을 추천한다.

감사의 글

이 책을 준비하여 마치기까지 1년여의 시간이 흘렀습니다. 고우를 운영하며 틈틈이 시간을 내어 책을 쓰는 과정이 결코 쉽지만은 않았지만, 오래전부터의 꿈이었고 나 자신과의 약속이었습니다.

소신껏 쓴 책이지만, 아직도 많이 쑥스럽습니다. 세상에는 저보다 훌륭하고 열심히 일하는 외식업 사장님들이 많다는 것을 잘 알기 때문입니다. 부족한 내용이지만 너그럽게 헤아려주시면 감사하겠습니다.

이 책은 많은 분들의 가르침과 도움이 없었다면 결코 나올 수 없었을 것입니다. 먼저 영원한 파트너인 일본 고우 토키요시 히로마사 대표님, 물심양면으로 서포트해주는 아라이 양상, 영원한 스승인 김유진 대표님, 이홍구 대표님! 정말 감사합니다! 그리고 최고의 야키 마스터 후쿠시마 상과 내 분신과도 같은 김규리 실장님, 지금 현재 최선을 다하여 성실하게 임해주는 고마운 고우인들, 그동안 고우를 거쳐 간 수많은 스태프들이 있었기에 지금의 고우가 있다고 생각합니다. 또한, 언제나 열정적인 범계점 점주님과 여장부인 청담점 점주님께도 이 글을 통해 감사의 말씀 전합니다.

끝으로 이 책이 세상에 나오게끔 이끌어주신 라온북 조영석 소장님과 직원분들께도 감사의 마음과 함께 늘 건승하시기를 기원하며, 어려운 시기에 최선을 다하고 있으신 외식업 사장님들께도 응원을 보냅니다.

언제나 응원과 사랑으로 용기를 북돋아주는 내 사랑하는 남편과 아들에게 이 책을 바칩니다. 고맙습니다. 사랑합니다.

焼き鳥
美味しい
ボールを
つくって
ます
炭酸
シュワシュワ
1:4

북큐레이션 • 사업 성공과 함께 고객 마음까지 사로잡고 싶어 하는 이들을 위한 책.

《장사의 혼(魂)》과 함께 읽으면 좋은 책. 불황으로 인해 힘든 상황에서 끝까지 헤쳐나가고자 애쓰는 당신을 언제나 응원합니다.

위기에 빠진 오프라인 매장을 살리는 매출 상승 전략

1회성 고객을 100번 방문 고객으로 만드는 비밀

김현정 지음 | 14,500원

언택트와 콘택트에 다 통하는 숍 비즈니스의 노하우

이 책은 시대에 흔들리지 않고 언택트에 맞는 고객을 사로잡는 방법과 매출 올리는 방법을 끊임없이 공부하고 연구해 성과를 내고 깨달음을 얻은 저자만의 비밀이 담겨 있다. 만약 코로나19로 인해 고객의 발이 끊겼거나, 매출을 위한 마케팅이 어렵다거나, 지속적으로 성공하는 경영 방법을 알고 싶다면 고객을 넘어 직원의 마음까지 사로잡아 처음 온 고객의 재방문율을 높이고 단골 고객으로 만들어 높은 매출을 유지하는 저자만의 특별한 경영 방식을 맛보길 바란다. 빠르게 변해가는 시대에 맞춰 고객의 니즈를 파악해 흔들리지 않는 매출을 경험하라!

행동력 하나로 성공하는 방법

운명을 바꾸는 행동의 힘

유선국 지음 | 14,000원

여전히 생각 속에서만 살고 있으신가요? 지금 당신의 마음속에 잠재된 거인을 깨워드립니다!

'돈 많이 벌고 싶다', '잘살고 싶다', '즐기면서 살고 싶다', 'SNS 사진 속 사람들처럼 여유로워지고 싶다'. 일상을 살아가면서 한 번쯤 해봤을 생각들이다. 하지만 이런 생각이 들 때면 뭔가 설렘보다는 두려움이 먼저 앞선다. 왜일까? 요즘처럼 살아남기 힘든 세상이 없다고 느끼는 우리에게 가장 필요한 건 이 무모해 보일지도 모를 행동의 힘이다. 나를 가장 단단하게 만들어줄 행동의 힘, 그 힘이야말로 꿈은 물론 현실에 맞설 힘과 원하는 만큼의 돈을 가져다줄 것이다. 지금 당장 당신의 바뀔 운명을 위해 행동하라!

힘내라 사장

정영순 지음 | 13,800원

성공한 기업의 사장이 되고 싶은가?
실패를 성장의 동력으로 삼고 성장하는 사장이 되는 방법!

이 책은 1985년 첫 사업을 시작해 온갖 고난과 어려움 속에서도 지치지 않고 다시 일어나 현재에도 자신의 사업을 경영하고 있는 저자의 이야기를 담았다. 도매시장, 중개사무소, 갈빗집 등 다양한 사장 경험을 거쳐 지금의 자리를 지켜낼 수 있었던 이유! 대한민국의 모든 사장과 사장이 되고 싶은 이들에게 꼭 필요한 사장의 자리를 지켜내기 위한 노하우와 마음가짐의 총망라! 더 오랫동안 사업을 유지하고 싶다면 이 책이 당신에게 응원과 더불어 에너지를 전달해줄 것이다!

안녕하세요 과일대통령입니다

황의석 지음 | 14,800원

1톤 트럭을 몰고 다니며 노점상으로 시작해
3,000여 명의 과일 냉장고를 지배하는 사장이 되다!

이 책은 3,000여 명 고객의 과일 냉장고를 책임지고 있는 저자의 일상을 중심으로 한 번 온 고객도 반하게 만들어 월 1억씩 버는 '과일대통령'만의 판매 전략을 공개한다. 기발한 아이디어로 사람들을 끌어모으는 것뿐만 아니라 고객에게 가장 맛있는 과일을 전하기 위해 전국 방방곡곡을 찾아다니는 과일대통령 열정을 가득 담았다. 퇴사 후 새로운 길을 찾고 있다면, 막막한 취업 시장을 뒤로하고 나만의 사업을 시작하고 싶다면, 과일대통령이 들려주는 생생한 과일 장사 이야기에서 그 답을 얻을 수 있을 것이다.